쓰레기 대폭발
쓰레기는 모두 어디로 갈까?

초판 1쇄 발행일 2020년 4월 30일
초판 4쇄 발행일 2023년 11월 6일

글 클레어 이머 | 그림 밤비 에들런드 | 옮김 황유진
펴낸이 유성권 | 편집장 심윤희 | 편집 유옥진, 김세영 | 디자인 김지은
마케팅 김선우, 강성, 최성환, 박혜민, 심예찬, 김현지 | 홍보 김애정, 임태호 | 제작 장재균 | 관리 김성훈, 강동훈
펴낸곳 (주)이퍼블릭 | 출판등록 1970년 7월 28일(제1-170호)
주소 서울시 양천구 목동서로 211 범문빌딩 | 전화 02-2651-6121 | 팩스 02-2651-6136
홈페이지 safaribook.co.kr | 카페 cafe.naver.com/safaribook
블로그 blog.naver.com/safaribooks | 포스트 post.naver.com/safaribooks
페이스북 facebook.com/safaribookskr | 인스타그램 @safaribook_

ISBN 979-11-6057-769-3 74000 | 978-89-6480-813-9 (세트)

What a Waste : Where Does Garbage Go?
Originally published in North America by : Annick Press Ltd.
Copyright © 2017. Claire Eamer(text) / Bambi Edlund(Illustrations) / Annick Press Ltd
All rights reserved.
Korean translation copyright © 2020 by E*PUBLIC KOREA Co. Ltd(Safari).
Korean translation rights arranged with Annick Press Ltd through EYA(Eric Yang Agency).

이 책의 한국어판 저작권은 EYA(Eric Yang Agency)를 통한 Annick Press Ltd 사와의 독점 계약으로 (주)이퍼블릭(사파리)에 있습니다.
신 저작권법에 의해 한국 내에서 보호를 받는 저작물이므로 무단 전재와 복제를 금합니다.

* 이 책의 내용 일부 또는 전부를 재사용하려면 반드시 저작권자와 (주)이퍼블릭 양측의 동의를 얻어야 합니다.
* 사파리는 (주)이퍼블릭의 유아·아동·청소년 출판 브랜드입니다.
* 책값은 뒤표지에 있습니다.

 KC마크는 이 제품이 공통안전기준에 적합하였음을 의미합니다.
제조자명: (주)이퍼블릭(사파리) 제조국명: 대한민국 사용 연령: 8세 이상
종이에 베이거나 모서리에 다치지 않게 주의하세요.

차례

머리말 **쓰레기란 무엇일까요?** 8

1 첫 번째 이야기 **쓰레기의 시작** 15

2 두 번째 이야기 **쓰레기 대폭발** 25

3 세 번째 이야기 **쓰레기는 쓰레기장에** 32

4 네 번째 이야기 **오늘의 요리 : 음식물 쓰레기** 40

5 다섯 번째 이야기 **배수구 따라 수질 오염** 49

6 여섯 번째 이야기 **쓰레기 산업** 57

7 일곱 번째 이야기 **처리 불능 쓰레기** 68

맺음말 **쓰레기의 미래** 76

대결! 버려질 물건 목록 작성하기 84
세계 환경 지도 86
참고 자료 88
찾아보기 90

머리말
쓰레기란

곧 버려질 쓰레기

대형 쓰레기

생활 쓰레기

생활 쓰레기

무엇일까요?

쓰레기는 더는 필요하지 않거나 못 쓰게 되어 내다 버리는 물건을 말해요. 사람들은 보통 쓰레기를 휴지통이나 재활용 분리수거함, 거름통, 폐기물 처리함, 오물통, 길거리의 커다란 쓰레기통 등에 버려요. 변기 물을 내려 하수구로 배설물을 흘려 보내거나 다 먹은 과자 봉지를 땅바닥에 그냥 던지기도 하고요. 누구든 생활하고 활동하는 과정에서 각종 쓰레기를 발생시킨답니다.

그럼 우리가 생각 없이 툭툭 버리는 쓰레기는 어디로 갈까요?

쓰레기가 무엇이고, 어디로 가는지에 대한 답은 사실 간단하지 않아요. 그래서 우리는 시대와 장소를 넘나들며 특별한 여행을 떠날 거예요. 조개더미가 그득 쌓인 16만 년 전의 남아프리카 동굴에서부터, 수명이 다 되었거나 고장 난 위성과 우주 쓰레기들이 지구 주변을 돌고 있는 오늘날의 우주에 이르기까지 모두 살펴볼 거랍니다. 또 무심코 버린 올리브기름 용기가 쌓여 만들어진 언덕과 플라스틱이 둥둥 떠다니는 바다, 똥으로 뒤덮인 산꼭대기에도 가 볼 거예요. 이 모든 것이 궁금하다면 다음 장을 넘겨 보세요.

쓰레기통 속 놀라운 이야기

믿기 어렵겠지만, 쓰레기는 아주 흥미로운 이야깃거리예요. 옛날 사람들이 고대 피라미드, 성당, 사원을 통해 후세에 어떻게 기억되길 원했는지 알 수 있듯이, 쓰레기 속 잡다한 물건들을 보면 옛날 사람들이 실제 어떻게 살았는지 알 수 있거든요. 그래서 고고학자들은 쓰레기를 애지중지해요. 고고학자에게 쓰레기 더미는 옛 인류의 매일매일이 기록된 신문이나 마찬가지이기 때문이지요.

지금 부엌으로 가서 쓰레기통을 한번 살펴보세요. 우리 가족이 어디서 어떤 물건을 사는지, 무엇을 먹는지, 음식을 어떻게 준비하는지까지 모두 알 수 있어요. 아마 깡통, 병, 상자, 셀로판 포장지, 요구르트나 아이스크림 용기, 스티로폼 접시, 비닐봉지 같은 포장재도 꽤 많이 나올 거예요. 그 이유는 여러분을 비롯해 전 세계 수많은 사람들이 슈퍼마켓이나 마트에서 포장된 음식과 식재료를 장바구니에 꽉꽉 채워 사 오기 때문이지요.

하지만 1900년대 초만 해도 쓰레기가 지금과는 사뭇 달랐어요. 포장재라고는 깡통, 병, 종이가 전부였지요. 스티로폼, 셀로판 포장지, 플라스틱은 아직 발명되지 않았거나 실험 중이었거든요.

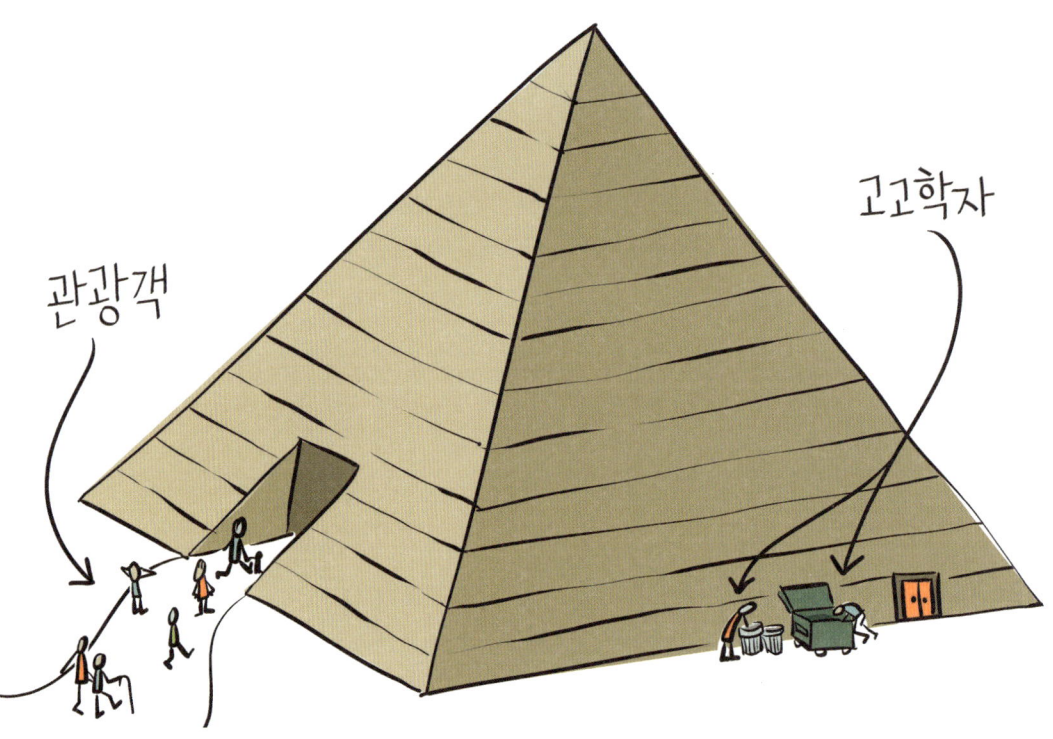

 그럼 그로부터 100년 전인 1800년대 초에는 어땠을까요? 그땐 쓰레기의 대부분이 뼈와 채소 쪼가리였어요. 이따금씩 깨진 유리나 도자기 조각이 섞여 있었고요. 그러다 1850년대에 연유 통조림이 판매되기 시작하면서 깡통 쓰레기가 처음 등장했답니다.

 이렇게 쓰레기 더미를 통해 각 시대별로 사람들이 무엇을 먹었고, 음식을 어떻게 준비했으며, 어떤 포장재를 주로 썼는지 등 삶의 모습을 엿볼 수 있어요. 시대에 따라 사람들이 버린 쓰레기가 달랐으니까요. 어때요, 이제 쓰레기에 대해 흥미가 생겼나요?

요즘은 쓰레기 자체가 큰 화젯거리예요. 그래서 뉴스에 쓰레기 관련 기사가 넘쳐 나지요. 오염된 물이 강으로 흘러들고, 못 쓰게 된 가전제품이 항구에 불법으로 버려지거나 바다에 버려진 그물에 고래가 걸려 죽고, 도시에 쓰레기 소각장이 부족하다는 기사가 연일 쏟아져요.

그런데 다들 왜 쓰레기를 심각한 문제로 여길까요? 그건 바로 쓰레기 양이 너무 많기 때문이에요. 2015년 유엔환경계획이 추산한 바에 따르면, 한 해 동안 전 세계에서 버려지는 쓰레기가 70억~100억 톤에 달한다고 해요. 버려진 자동차부터 곰팡이가 핀 베이글 빵까지 모두 다 포함해서요.

너무 어마어마한 숫자여서 선뜻 와닿지 않을 거예요. 그럼 북극곰에 빗대어 생각해 볼까요? 1960년대에 세계에서 가장 거대한 북극

쓰레기 톡톡

**쓰레기·오물·폐품
휴지·음식 찌꺼기**

모두 다 썼거나 쓸모가 없어서 버리는 물건을 뜻하는 말이에요. 장소와 상황, 종류에 따라 각기 다르게 불리지요.

**휴지통
쓰레기통
폐기물 처리함
분리수거함
오물통**

이 말들은 모두 쓰레기를 담는 용기를 가리키는 말이에요. 여러분은 뭐라고 부르나요?

곰이 알래스카 지역에서 잡혔어요. 몸무게가 무려 1천 킬로그램, 즉 1톤이나 나갔지요. 그러니까 세계의 연간 쓰레기 양이 북극곰 70억~100억 마리의 무게와 같은 셈이에요. 이 북극곰들을 한 줄로 세우면 지구에서 달까지 최소 27번을 오갈 수 있는 거리지요. 어때요, 쓰레기가 괜히 뉴스에 나오는 게 아니지요?

나쁜 소식, 좋은 소식

인간은 태초부터 쓰레기를 끊임없이 배출해 왔어요. 16만 년 전, 남아프리카 사람들이 조갯살을 먹은 뒤 껍데기를 동굴 바닥에 버린 것만 봐도 알 수 있지요. 닭고기를 먹을 때 뼈를 발라내 버리는 것처럼요. 그런데 과거에는 타고 남은 숯, 음식 찌꺼기, 동물 뼈, 깨진 토기 등이 전부였지만, 오늘날에는 플라스틱, 스티로폼, 비닐 등 새로운 종류의 쓰레기가 많이 생겨났어요. 더욱이 그 양이 인간의 생활 공간을 침범할 정도로 많다 보니 쓰레기를 버릴 곳이 점점 부족해지고 있지요.

그럼 어쩌다 이렇게 많은 쓰레기가 지구를 뒤덮게 되었을까요? 우리에게 특히 더 나쁜 영향을 미치는 쓰레기도 있을까요? 쓰레기는 우리가 사는 지구에 어떤 결과를 가져다줄까요? 지구가 더 오염되기 전에 쓰레기 문제를 해결할 수 있을까요?

모두 중요한 질문이지만, 가장 중요한 건 우리에게 쓰레기 문제를 해결할 시간이 충분하냐는 것이지요. 다행히 우리에게는 상황을 바꿀 수 있는 시간이 남아 있답니다. 자, 지금부터 쓰레기에 대한 많은 문제들을 살펴보고 톡톡 튀는 생각을 가진 멋진 사람들을 만나 볼 거예요. 파란색 상자 재활용 프로그램을 만든 캐나다 아저씨와 전 세계 바다에 떠다니는 플라스틱 쓰레기를 치우는 방법을 고안한 네덜란드 청년도 만날 예정이지요. 이들은 정부와 기업의 도움을 받기도 했지만, 쓰레기 문제를 해결하기 위해 스스로 꾸준히 노력한 사람들이에요. 또 쓰레기를 줄이기 위해 기업들이 어떻게 힘을 모으는지, 정부가 쓰레기를 어떻게 에너지로 활용하고 이윤을 남기는지도 살펴볼 거랍니다.

지금부터 인류의 역사보다 더 오래된 쓰레기 이야기를 시작할게요.

첫 번째 이야기

쓰레기의 시작

인류는 이 땅에 등장한 뒤로 오늘날에 이르기까지 온갖 종류의 쓰레기를 만들어 왔답니다. 우리의 머나먼 조상인 원시인들도 쓰레기를 남겼지요. 현생 인류인 호모 사피엔스가 등장하기 훨씬 전부터 말이에요.

약 100만 년 전, 원시 인류 호모 에렉투스는 남아프리카의 거대한 동굴 안에 모닥불을 피우고 둘러앉아 있었어요. 오늘날 동굴에 남은 것이라곤 모닥불 잿더미뿐이지만, 그 안에서 화석이 된 잔가지와 나뭇잎 등이 발견되었다고 해요. 바로 모닥불 연료로 쓰이고 버려진 쓰레기지요. 또 함께 발견된 동물 뼛조각은 이들이 수렵 활동으로 동물을 잡아서 모닥불에 요리를 해 먹었다는 증거예요. 즉, 호모 에렉투스가 인류 최초로 불을 사용해 음식을 익혀 먹었다는 것을 알 수 있지요.

이후 50만 년 뒤, 호모 에렉투스 무리는 현재 인도네시아 지역으로 이동해 고요한 강가에 터를 잡고 살았어요. 이는 호모 에렉투스들이 인도네시아 강가에 버린 조개더미 덕에 밝혀졌지요. 이를 통해 원시 인류가 민물조개를 까먹고 살았다는 것도 알게 되었답니다.

알고 보니 이것저것 모두 쓰레기

조개껍데기나 뼛조각도 쓰레기의 한 종류예요. 하지만 나무, 뼈, 조개껍데기 등은 시간이 지나면 부스러져 흙으로 돌아가지요. 가끔 50만 년이나 된 조개껍데기 화석이 발견되긴 해도 언젠가는 없어지는 쓰레기예요. 그러니 산더미같이 어마어마하게 쌓여 큰 문제를 일으키고 있는 오늘날의 골칫덩이 쓰레기와는 거리가 멀지요.

물론 분해되는 쓰레기라 해도 크기와 양이 어마어마한 것도 있어요. 남아프리카 해안가의 커다란 동굴에서 발견된 조개껍데기 화석처럼요. 그곳은 주변에 조개류가 풍부해서 아주 오래전부터 조개 축제가 열렸어요. 사람들은 조개를 캔 뒤, 가까이 있는 동굴에서 축제를 즐기며 조갯살을 먹었지요. 조개껍데기는 자연스레 동굴 바닥에 버렸답니다. 동굴 조개 축제는 16만 년 전부터 그렇게 대대손손 이어져 왔어요. 그 결과 어른 무릎 높이만큼의 조개껍데기 더미가 동굴 바닥 곳곳에 쌓여 오늘날까지 남아 있게 되었지요.

쓰레기 톡톡

한편, 쓰레기를 한데 모아 무더기로 쌓아 놓은 곳도 있어요. 미국 플로리다주의 에버글레이즈 지역은 대부분 넓고 질척한 습지인 데다 사방이 녹색 둔덕으로 둘러싸여 있어요. 이 둔덕은 습지 위로 솟아오른 일종의 작은 섬들로, 다양한 덤불과 나무들이 뿌리 내리기에 딱 좋은 환경 조건을 갖추고 있지요. 사람들은 이 둔덕들을 나무섬이라 불렀고, 오랜 시간 동안 지질학적으로 별난 지형이라고 여겼어요.

최근 들어 나무섬에 대해 자세한 연구가 진행되었는데, 그 결과 고고학자들은 나무섬이 오래된 쓰레기 무더기라는 것을 밝혀냈어요. 약 5천 년 전, 에버글레이즈에 살던 사람들이 뼈, 조개껍데기, 음식 찌꺼기, 타고 남은 숯, 깨진 그릇과 도구 등 수많은 잔해들을 일정한 곳에 지속적으로 버렸던 거예요. 이후 분해되는 음식물 쓰레기와 여러 유기물이 모여 거름이 되었고, 덕분에 쓰레기 더미에서 식물이 자라 마침내 나무섬의 온 땅을 뒤덮은 거지요.

오랜 시간이 흐르는 동안 쓰레기 위로 점점 더 많은 흙이 쌓이면서 더 큰 식물들이 울창하게 자라났어요. 그리하여 쓰레기가 켜켜이 쌓여 이루어진 땅에 나무들이 단단히 뿌리를 내리고, 온갖 새들이 둥지를 틀고, 표범과 악어도 보금자리를 마련했지요. 이러한 과정을 통해 이 지역은 유네스코 세계자연유산으로 등록되었답니다.

머드락 Mudlark

1800년대 영국 런던 템스강에서 진흙을 맨발로 헤치고 다니는 아이를 '머드락'이라고 불렀어요. 당시 템스강은 쓰레기와 배설물이 가득했고 썩은 시체도 떠다녔지요. 하지만 머드락은 팔아서 음식으로 바꿀 만한 해진 천, 금속 조각 등을 찾아 템스강을 닥치는 대로 돌아다녔어요. 머드락은 살아남기 위해 아주 더럽고 위험한 일을 해야 했답니다.

과거의 쓰레기장

쓰레기에만 이야깃거리가 있는 건 아니에요. 쓰레기를 버리고 치우는 방식 역시 많은 이야기를 품고 있어요. 고고학자들은 어떤 고대 유적지가 옛사람들이 잠깐 머물다 떠난 야영지인지 터를 잡고 살았던 마을인지 알고 싶을 때, 그곳에 남겨진 쓰레기들을 찾아 자세히 관찰해요.

사람들은 낚시 철이나 열매 수확기에만 몇 주 머무는 야영지에서는 쓰레기를 아무 데나 버렸어요. 실제로 이런 곳에서 발견된 쓰레기는 에버글레이즈 나무섬에서 발견된 쓰레기와 매우 비슷했어요. 대부분 음식 찌꺼기, 생선을 꿰는 나무 꼬챙이, 열매를 담는 그릇으로 쓰던 나무껍질 파편들이었지요. 게다가 그 쓰레기조차도 이듬해에 다시 찾아가 보면 대부분 사라지고 없었어요. 동물들이 음식 찌꺼기를 뒤져 먹거나 쓰레기가 말라붙어 바람에 날아가 버렸던 거예요.

반면 인류가 오랫동안 터를 잡고 살아온 마을에서는 쓰레기가 커다란 골칫거리였어요. 쓰레기를 아무 데나 버릴 수도 없고, 쓰레기가 알아서 사라지지도 않았으니까요. 그래서 어디든 쓰레기를 버리기 시작하면 그곳에 쓰레기가 계속 쌓여 갔어요. 고고학자들이 선조들의 흔적을 조사할 때 쓰레기가 버려진 장소를 찾아 추적하는 건 쓰레기가 계속 쌓일 만큼 사람들이 오래 머문 곳은 고고학적으로 연구할 가치가 높기 때문이지요.

우리는 물건을 버려야 할 때 쓰레기통을 찾아요. 그럼 옛날 사람들은 쓰레기를 어디에 버렸을까요? 선조들은 눈에서 멀어지면 마음에서도 멀어진다고 생각했던 것 같아요. 그래서 땅에 쓰레기를 버린 뒤 흙과 갈대, 잡초 들로 층층이 덮어 버렸지요. 때로는 안 쓰는 방에 쓰레기를 처박거나 빈집에 욱여넣기도 했어요. 집 안의 쓰레기를 길거리에 휙휙 던지는 경우도 아주 흔했답니다.

많은 사람들이 쓰레기를 뒤지고 다니는 쥐를 싫어해요. 그런데 1800년대에는 쥐를 잡는 직업이 있었어요. 특히 런던에서 쥐를 산 채로 잡으면 돈을 두 배로 벌 수 있었지요. 쥐를 잡아 집주인에게 돈을 받거나 그 쥐를 술집에 팔 수도 있었거든요. 당시 술집에서는 개가 쥐를 쫓아가 잡는 오락이 인기 있었답니다.

그런데 길거리에 버린 쓰레기는 어떻게 될까요? 사람들이 창문이나 현관 밖으로 버린 쓰레기는 흙에 덮이고 비를 맞고 수레나 마차에 눌리면서 단단해졌어요. 쓰레기가 계속 쌓이고 지형의 고도가 점점 높아지면서 거리의 모습도 조금씩 바뀌었지요. 여기에 쓰러진 건물에서 나온 돌무더기, 부서진 가구 파편, 마구간 쓰레기, 도시의 온갖 오물이 오랜 세월에 걸쳐 쌓이고 덮이면서 엄청난 변화가 일어났어요.

고고학자들은 터키의 고대 도시 유적인 트로이의 고도가 지난 4천 년 동안 100년마다 1미터 이상씩 높아졌다는 사실을 밝혀냈어요. 총 40미터, 대략 12층 건물의 높이만큼 고도가 높아진 셈이에요. 범인이 누구냐고요? 바로 쓰레기랍니다.

쓰레기에서 찾은 역사

때로는 쓰레기가 생각지도 못한 보물이 되기도 해요. 이번에는 영국 잉글랜드 북부 노섬벌랜드에 있는 고대 로마 유적 빈돌란다로 가서 그곳에서 발견된 쓰레기 더미를 살펴볼게요.

약 1800년 전, 당시 로마 군인들은 군대 야영지에 머물 때 사령관의 숙소 근처에 쓰레기를 버렸어요. 사람들은 산처럼 쌓인 쓰레기의 고약한 냄새를 없애려고 그 위에 흙이나 나뭇가지를 덮기도 했지요. 그렇게 사람들은 더 많은 쓰레기를 같은 곳에 계속 갖다 버렸어요. 그런데 엄청나게 쌓인 쓰레기 더미 위로 비가 내리자 마을 곳곳에 구정물이 흘러넘치고 악취가 진동했지요. 쓰레기가 다른 곳으로 떠내려가기까지 했어요.

결국 사람들은 그곳에 있던 집을 헐고 다른 건물을 세우면서 쌓여 있던 쓰레기를 땅에 묻고 짓눌렀어요. 쓰레기 더미는 그렇게 돌무더기와 함께 땅속에 묻혔고, 오랜 세월 동안 깊은 물속에 잠겨 있었지요. 그 뒤 아주 오랜 시간이 지난 1973년, 고고학자들이 깊은 도랑에서 물을 빼내고 바닥에 퇴적된 검은 오물층을 조사하다가 고대 로마 군대 야영지의 쓰레기 더미를 찾아냈답니다.

쓰레기 톡톡

조개무지

선사 시대에 살았던 인류가 먹고 버린 굴이나 조개의 껍데기가 쌓여 이루어진 거대한 무더기를 뜻해요. 고고학자들은 이 조개무지를 '쓰레기 무덤'이라고 부르며 매우 사랑한답니다!

고고학자들이 겹겹이 덮쳐 쌓인 채 굳은 오물층을 조심스레 떼어 내자 쓰레기의 정체가 드러났어요. 놀랍게도 글자가 빼곡히 쓰인 얇은 나무판 수백 장이 거의 온전한 상태로 남아 있었지요. 서로 딱 달라붙은 채 물에 잠겨 있어서 썩지 않았던 거예요. 보존 상태가 워낙 좋아서 글자 대부분을 또박또박 읽을 수 있을 정도였어요.

나무판에 적힌 글들은 역사·문학적으로 훌륭한 작품은 아니었어요. 보급품 목록, 군대 주둔지 정보, 군인과 아내가 주고받은 쪽지들, 생일 파티 초대장 등 당시 군대의 현황과 군인들의 일상을 기록한 문서였으니까요. 그 가운데 맨 처음 발견된 나무판에는 군인의 가족들이 각 병사에게 보낸 생필품 목록이 적혀 있었어요. 양말과 샌들 몇 켤레, 팬티 두 장 등이었지요.

이를 통해 당시에도 생일 파티를 열어 손님을 초대하고 서로 축하해 주었으며, 따뜻한 양말과 속옷을 선물했다는 걸 알 수 있어요. 이런 이야기를 읽으니 옛사람들이 가족이나 친구처럼 친근하게 느껴지지 않나요? 이렇듯 쓰레기는 역사 뒤에 숨겨진 수많은 이야기들을 들려준답니다. 딱딱한 역사서에서는 이런 이야기를 절대 읽을 수 없을 거예요.

조개무지

오늘날의 조개무지

알려지지 않은 조개무지

바나나 껍질 무지 주의

똑똑 아이디어

몰타섬의 돌담

몰타는 지중해 한가운데에 있는 작은 섬나라예요. 1년 내내 따사로운 햇살이 내리쬐는 이곳에 가면 많은 유적들을 볼 수 있어요. 최소 5천 년 이상 된 역사의 잔해들로 뒤덮여 있지요.

그런데 몰타는 땅이 좁고 나무가 부족한 반면 돌은 넘쳐 났어요. 그래서 농부들은 곡식을 훔쳐 먹는 동물들을 막기 위해 나무 울타리를 두르는 대신 돌로 담을 쌓았지요. 돌을 캐려고 굳이 땅을 파낼 필요도 없었어요. 5천 년이 지난 석조 건물들이 허물어져 여기저기 돌무더기가 쌓여 있었거든요.

몰타의 돌담을 자세히 살펴보면 로마 시대 기둥의 귀퉁이, 묘비 조각, 중세 시대 때 건축 재료에 쓰인 삐죽한 돌, 궁전 장식용 벽돌 등을 볼 수 있어요. 2차 세계 대전 폭격을 맞은 흔적도 남아 있지요. 어떤 농부는 담 한가운데에 반짝이는 흰색 변기를 끼워 넣기도 했답니다.

고대 도시의 쓰레기장

오랜 세월 동안 인류는 쓰레기를 땅에 버리거나 거리에 쌓아 놓은 채 내버려 뒀어요. 결국 곳곳마다 쓰레기가 넘쳐 나게 되었지요. 그래서 일찍이 여러 고대 도시에서는 상황이 더 심각해지기 전에 특별한 대책을 세우기로 했어요. 이미 몇몇 지역에서 쓰레기가 커다란 골칫거리였거든요.

기원전 3000년, 지중해 크레타섬에서 번영했던 미노스 문명 사람들은 쓰레기 문제를 해결하기 위해 힘을 모았어요. 커다란 구멍을 파서 쓰레기를 묻고, 냄새나 병균이 퍼지지 않게 이따금 흙으로 층층이 덮어 뒀지요. 그리고 다시 그 위에 쓰레기를 묻는 식으로 처리했어요.

기원전 2500년, 인더스 문명이 번성했던 고대 도시 모헨조다로와 하라파(현재 파키스탄 지역의 도시들) 사람들은 크레타섬의 방식에서 한 발 더 나아갔어요. 집집마다 실내에는 쓰레기 투입구를, 바깥에는 쓰레기통을 설치했지요. 쓰레기통에 모인 쓰레기를 수거해 도시 밖으로 옮기는 시설까지 갖췄는지는 아직 밝혀지지 않았어요. 두 도시 모두 기원전 1900~1500년 무렵에 몰락해 역사 속으로 사라졌기 때문에 그동안 도시의 존재조차 몰랐거든요. 그러다 1920년대에 다시 발견되어 고고학자들이 이 도시들의 미스터리를 풀기 위해 노력하고 있답니다. 한 가지 분명한 것은, 모헨조다로와 하라파가 당시 존재했던 그 어떤 도시보다 발전된 쓰레기 처리 시스템을 갖췄다는 것이지요.

기원전 500년에 이르자, 그리스 아테네 인근에 쓰레기 매립지가 생겼어요. 서유럽의 첫 공식 매립지였지요. 아테네시 정부는 도시 가까이에 쓰레기를 버리지 못하게 금지했고, 거리를 깨끗이 유지하려고 노력했어요. 하지만 쓰레기 매립지가 주거지에서 너무 멀리 떨어져 있어서 잘 지켜지지 않았어요. 매일 쓰레기를 버리러 30분 이상 걸으려니 너무 귀찮았으니까요. 결국 아테네 사람들은 얼마 지나지 않아 다시 길거리에 쓰레기를 버리기 시작했답니다.

길거리에 넘쳐 나는 쓰레기

쓰레기는 고고학자, 고생물학자, 유행병학자, 인류학자 그리고 다른 여러 학자들에게 아주 중요한 정보예요. 하지만 동시에 골칫거리이자 시한폭탄이기도 하지요. 쓰레기는 물을 오염시키고, 온갖 세균이 번식해 병을 일으키거든요. 냄새 또한 고약하지요! 뿐만 아니라 벌레와 쥐 같은 동물들이 쓰레기에 몰려들어 게걸스레 음식을 뒤져 먹고 전염병을 퍼뜨리기도 한답니다.

오늘날에는 쓰레기가 더욱 기하급수적으로 늘고 있어요. 지금은 규모가 아주 작은 마을조차도 고대 로마군이 군대 야영지에 머물 때 버렸던 것보다 훨씬 많은 쓰레기를 만들어 내지요. 북아메리카 사람들은 매일 1인당 2킬로그램 이상의 쓰레기를 버린다고 해요. 현재는 세계에서 북아메리카 대륙의 쓰레기 배출량이 가장 많지만, 다른 여러 지역에서도 빠르게 늘고 있어요.

자, 이제부터 우리가 어떻게 엄청난 쓰레기를 만들어 내고 있는지 살펴보아요.

두 번째 이야기

쓰레기 대폭발

옛날에는 길거리에 쓰레기를 툭 버려도 별문제 없었는데, 지금은 어쩌다 위험하고도 어마어마한 쓰레기로 뒤덮인 세상이 된 걸까요?

가장 큰 이유는 인구가 급속도로 증가했기 때문이에요. 2020년 세계 인구는 약 77억 명으로 지금도 계속 늘고 있어요. 유엔경제사회처에 따르면 2050년 세계 인구는 97억 명에 달할 거라고 해요. 얼마나 큰 숫자인지 가늠하기 어려우면 이렇게 생각해 보세요. 역사학자들은 고대 도시 모헨조다로가 세워진 기원전 2500년의 세계 인구가 2,500만 명이었을 거라고 추정하고 있어요. 이 말은 그사이 세계 인구가 300배 정도 늘었으며, 당시에는 1명이 살았던 공간에 현재 약 300명이 살고 있다는 뜻이에요.

하지만 현재 쓰레기 양은 모헨조다로 시대의 쓰레기 양에 300을 곱한 것보다 훨씬 많을 거예요. 오늘날에는 1인당 소비가 는 만큼 쓰레기 배출량도 훨씬 많으니까요. 더욱 놀라운 건 이게 전부가 아니라는 거예요.

시골 쓰레기
도시 쓰레기

얼마나 많은 사람들이 쓰레기를 만들어 내는지도 중요하지만, 어느 지역에서 쓰레기를 많이 버리는지 파악하는 것도 쓰레기 문제를 해결하는 데 아주 중요해요.

2012년 세계은행 쓰레기 관련 보고서에 따르면, 도시 사람들이 시골 사람들보다 최소 2배 이상 쓰레기를 많이 버린다고 해요. 도시 인구가 점점 늘어나고 있으니 쓰레기의 양도 덩달아 늘고 있는 거지요. 1900년대 초에는 사람들이 대부분 시골이나 아주 작은 마을에 살았어요. 인구 100명 가운데 13명만이 도시에 살았지요. 그런데 100년이 지나자 인구 100명 가운데 49명이 도시에 살게 되었어요. 전 세계 인구의 절반이 도시에 살고 있는 셈이에요.

하지만 도시 사람들이 더 지저분하다는 건 아니에요. 생활 방식이 시골 사람들과 다를 뿐이지요. 시골 사람들은 대부분 직접 농사를 지어 먹고 부족한 것만 근처 가게나 시장에서 구입해요. 또 음식물 쓰레기를 버리지 않고 거름으로 활용해 논밭과 정원을 비옥하게 하지요. 손수 바느질해서 옷을 지어 입기도 하고요. 선진국은 시골에도 대형 슈퍼마켓이나 백화점 같은 도시 편의 시설이 잘 갖춰져 있지만, 그럼에도 시골의 쓰레기 배출량은 도시보다 훨씬 적어요. 시골에서는 카페나 가게에 가려면 차로 먼 거리를 이동해야 하니, 카페에서 일회용 컵으로 커피를 마시거나 가게에서 비닐 포장된 포테이토칩을 사 오는 일이 쉽지 않지요. 게다가 쓰레기를 수거하는 차량이 도시에 비해 자주 다니지 않기 때문에 일회용 컵이나 포장 봉투를 그리 많이 사용하지는 않는답니다.

반면 도시 사람들은 공장, 사무실, 가게 등에서 일하다가 밤이 되어야 아파트나 주택으로 돌아가요. 직접 농사를 지을 시간과 공간이 없기 때문에 가게에서 개별 포장된 농산물을 사 오지요. 또 대형 폐기물을 배출하는 공장에서 만든 옷을 입고, 일회용 병에 든 음료를 마시고, 포장 용기에 담긴 점심을 사 먹어요. 이렇게 생활하면 당연히 쓰레기가 많이 나오겠지요? 쓰레기 처리도 쓰레기봉투를 집 앞에 갖다 두면 끝이에요. 청소부가 모아서 한꺼번에 버려 주니까요. 도시 사람들은 이렇게 쓰레기가 눈앞에서 바로바로 사라지니 쓰레기 문제를 심각하게 여기지 않는 거예요.

이처럼 사람들이 가게, 공장, 사무실, 도시로 대거 모여들면서 일어나는 모든 일들 때문에 쓰레기가 배출돼요. 상품을 도시로 실어 나르는 운송 차량에서 뿜어내는 배기가스, 사람과 동물들이 매일 배설하는 대소변, 온갖 오물들도 마찬가지예요. 이런 쓰레기들도 어디로든 반드시 치워야 해요. 시골에서는 일부 오물을 논밭과 정원에 거름으로 쓸 수 있어요. 하지만 도시에서는 거름과 거름의 지독한 냄새를 활용할 방법이 없답니다.

아무튼 도시에 인구가 늘어난다는 건 쓰레기가 더욱 많아진다는 뜻이에요. 하지만 여전히 이게 다가 아니랍니다.

쓰레기 톡톡

걸리플러프 Gullyfluff

1800년대 미국에서 쓰레기를 일컫는 말이었어요. 주머니 안에 뭉쳐진 먼지, 갖가지 부스러기, 머리카락 등을 말해요.

개똥 Pure

1800년대 런던에서 썼던 말이에요. 당시에는 길거리에 널린 강아지 배설물을 모으는 개똥 사냥꾼이 있었어요. 무두장이가 개똥을 넘겨받아 가죽을 손질하는 데 썼답니다.

똑똑 아이디어

버리지 말고, 고쳐 쓰세요!

가장 아끼는 신발인데, 비만 오면 물이 샌다고요? 토스터에서 연기가 나고 컴퓨터 화면이 깜빡거린다고요? 전부 수선 카페로 가져오세요! 2009년 10월, 세계 최초의 수선 카페가 네덜란드 암스테르담에 생기고 나서 5년 뒤, 17개국에서 750개가 넘는 수선 카페가 운영 중이에요.

수선 카페는 커피나 음료를 파는 진짜 카페가 아니라, 언제 어디서든 사람들이 모이는 장소에서 열리는 수선 행사예요. 칠레의 수도인 산티아고에서는 허름한 기차역 근처 마을 장터에서, 아일랜드의 수도인 더블린에서는 교회 강당에서 진행해요. 일본의 관광 도시인 즈시에서는 매년 즈시 환경 축제 때 함께 열리지요.

수선 카페에는 자원봉사자들이 활동해요. 그들은 물건을 고치고 싶은 사람과 물건을 고칠 수 있는 수선공들에게 다과를 대접하고, 연장과 작업장을 마련해 주며, 수선 안내서와 쓰레기 줄이기 실천 방안 등을 제공하지요. 이곳에서는 신발이나 토스터 고치는 방법을 배울 수 있고, 컴퓨터에 문제가 있는지 확인할 수 있어요. 특별한 용건이 없어도 좋은 아이디어를 나눌 수 있답니다.

경제 호황과 쓰레기의 증가

미국은 1950~1970년 사이에 인구가 약 30퍼센트 늘었어요. 그런데 쓰레기의 양은 그 두 배인 60퍼센트나 늘었지요. 단순히 인구 증가만으로 쓰레기가 폭발적으로 늘어난 건 아니에요. 바로 경제 호황이 찾아왔기 때문이지요. 세계 각국은 1900년대부터 1940년대 후반까지 상당히 힘든 시기를 보냈어요. 제1차 세계 대전, 경제 대공황, 제2차 세계 대전이 연달아 일어나는 바람에 쓸 돈이 부족했거든요. 그러다가 1950년대부터 경제 상황이 점차 나아졌어요.

특히 미국이 엄청난 호황기를 맞았지요. 돈을 많이 벌 수 있는 직업이 넘쳐 나면서 음식과 집, 온갖 생필품을 사고도 경제적 여유가 충분했지요. 그러자 사람들은 점점 더 많은 물건을 사들였어요. 생활에 편리한 세탁기, 냉장고, 자동차, 조리 식품 등을 비롯해 생활에 즐거움을 주는 텔레비전, 라디오, 멋진 옷, 장난감 같은 물건들이 공장에서 대량 생산되었고, 신제품들이 가게에 진열되는 족족 모두 팔려 나갔어요. 각종 매체에서는 물건을 살 수밖에 없게끔 광고하여 소비자를 유혹했고, 더 많은 물건을 살수록 삶의 질이 높아지고 행복해질 거라고 부추겼지요.

이러한 흐름 속에서 미국 사람들은 전보다 더 많은 물건들을 사고 썼으며, 쉽게 부수고 내다 버렸어요. 그 뒤로 세계 여러 나라들도 미국과 똑같은 길을 걸었지요. 전 세계 도시들이 경제적으로 발전하고 인구가 많아지면서 쓰레기도 급격히 늘어나게 된 거랍니다.

소모품의 과잉 포장

쓰레기는 어쩌다 이렇게 폭발적으로 증가하게 되었을까요? 물건의 대량 생산과 대량 소비도 문제지만, 몇 번 쓰고 버릴 소모품들을 마구 찍어 내기 때문이에요. 플라스틱 장난감, 각종 스마트 기기, 건전지, 볼펜, 화장품 같은 물건들이지요.

똑똑 인물

파란색 상자 재활용 운동가

북아메리카, 유럽, 뉴질랜드, 오스트레일리아 사람들은 '재활용'하면 곧장 '파란색 상자'를 떠올려요. 크기도 다양하고 간혹 바퀴가 달려 있기도 하지만, 길거리에 놓인 파란색 상자는 재활용품 수거 상자라는 걸 대부분 다 알지요.

파란색 상자는 캐나다의 재활용 운동가 잭 맥기니스가 처음 만들었어요. 그는 1970년대에 토론토에서 살면서 쓰레기를 줄이기로 결심하고, 자기 집 쓰레기뿐만 아니라 이웃집 앞에 쌓여 있는 깡통과 병까지 재활용 센터에 가져갔어요. 맥기니스는 여기에서 그치지 않고 사람들이 좀 더 편리하게 재활용할 수 있는 방법에 대해 고심했지요. 그는 시에서 운영하는 쓰레기 수거 시스템처럼 길거리 재활용품 수거 서비스가 필요하다고 여겼고, 재활용품을 쉽게 수거해 갈 수 있는 방법이 없을까 고민한 끝에 재활용 문구와 로고가 박힌 플라스틱 상자를 고안했지요.

1978년, 잭 맥기니스는 캐나다 온타리오주에 재활용 협회를 설립했고, 3년 뒤 온타리오주 남부 도시 키치너에서 파란색 상자 프로그램을 시험 운영했어요. 그리고 곧 온타리오주의 다른 지역에서도 이 프로그램을 운영하게 되었지요. 그리고 2011년 무렵에는 파란색 상자 프로그램이 전 세계로 퍼져 재활용의 중요성을 알리는 데 크게 기여했어요.

그런데 그는 상자를 왜 파란색으로 했을까요? 플라스틱은 햇빛에 색이 바래고 빗물에 표면이 갈라지는 특성이 있는데, 그나마 파란색 플라스틱은 외부 자극에 오래 견디기 때문이라고 해요.

소모품들은 깨지거나 낡으면 좀처럼 고칠 수가 없어요. 그러다 보니 쓰레기통에 버릴 수밖에 없지요. 또 완전히 망가지기 전에 구식이 되거나 쓸모없어지는 물건들도 있어요. 예를 들어 20년 전에 산 컴퓨터는 여전히 작동하긴 해도 최신 프로그램을 사용하거나 최첨단 기계에 연결할 수 없어서 결국은 무용지물 쓰레기가 되는 거예요.

게다가 이런 소모품들은 또 다른 종류의 쓰레기, 즉 포장재를 만들어 내요. 컴퓨터나 카메라의 저장 매체인 메모리카드는 크기가 겨우 엄지손톱만 하지만, 종이와 플라스틱 포장재는 수첩만큼이나 커요. 또 포장 도시락에 딸려 오는 플라스틱 숟가락과 일회용 소스 용기도 메모리카드의 포장재 못지않게 부피가 크지요.

이처럼 과잉 포장으로 발생하는 쓰레기 때문에 최근 많은 나라들이 어려움을 겪고 있어요. 특히 중국은 1980년까지만 해도 포장재 문제가 심각하지 않았어요. 슈퍼마켓이 생기기 전이라 각종 상품을 포장해 선반에 진열하는 일이 없었거든요. 손님이 가게에 와서 필요한 물건을 구매하면 그때그때 점원이 물건을 종이 포장지에 싸 주었지요. 당시 도시 쓰레기의 대부분을 차지했던 음식 찌꺼기, 종이, 유리는 분해가 가능해 쓰레기를 외지로 보내 비료나 메탄가스 원료로 재활용해서 큰 문제가 아니었어요. 하지만 몇십 년이 흐른 지금 중국은 눈부시게 성장했고, 이제는 대형 매장의 선반마다 포장된 물건들로 가득해요. 매년 포장 상품의 소비가 늘어나면서 버려지는 포장재도 쓰레기산처럼 쌓이고 있지요. 오늘날 전 세계 가정 쓰레기 가운데 3분의 1이 중국에서 만들어지고 있는 실정이에요.

상황이 심각해지자 중국 정부는 2010년에 쓰레기 증가 속도를 늦추기 위한 조치로, 과잉 포장 금지법을 세계 최초로 통과시켰어요. 지금 중국의 도시들은 쓰레기를 버릴 장소가 부족해 발을 동동 구르고 있답니다. 그러나 이는 비단 중국만의 문제가 아니에요.

원래는 조그만 카드

디지털 메모리카드 자체는 이렇게 작지만, 카드를 포장하는 플라스틱과 보드지 때문에 크기가 약 15배나 커진답니다.

세 번째 이야기
쓰레기는 쓰레기장에

오늘날 중국을 비롯한 많은 나라들이 쓰레기 처리 문제로 골머리를 앓고 있어요. 오랜 세월 동안 너무 많은 지역에 쓰레기를 버리고 쌓아서 이제는 쓰레기를 버릴 곳이 부족하기 때문이지요. 수 세기 동안 가장 널리 이용되었던 쓰레기 처리 방법은 쓰레기장에 버리는 것이었어요. 1천 년 전 고대 중앙아메리카의 마야 사람들도 음식 찌꺼기 같은 유기물과 도구를 만들 때 생기는 흑요석, 깨진 자기 조각 같은 무기물을 분리해서 쓰레기장에 버렸어요. 무기물 쓰레기는 도시 건축 현장으로 옮겨져 벽돌을 만드는 데 사용되거나 기초 공사에 쓰였지요.

하지만 쓰레기장이 있다 해도 사람들이 쓰레기장을 얼마나 잘 사용하는지가 중요해요. 냄새나고 더러운 쓰레기장은 대개 거주지에서 멀리 떨어져 있어서 쓰레기를 쓰레기장까지 옮기는 게 힘들고 번거로웠어요. 이런 불편에도 불구하고 사람들이 쓰레기장을 이용하게 하려면 어떻게 해야 할까요?

고대 그리스 아테네의 일화에서 알 수 있듯이 법을 만들어 정하는 것만으로는 부족해요. 그래서 어떤 지역에서는 쓰레기 수거인을 고용해 지금의 환경미화원 같은 역할을 맡기기도 했어요. 이들은 사람들이 버린 쓰레기를 수거하고 버리기 아까운 물건을 골라내 분리하는 일을 했답니다.

하지만 쓰레기장을 만들고 쓰레기 수거인이 특별 관리한다고 해서, 쓰레기 문제가 완전히 해결되는 건 아니었어요.

쓰레기의 위협

쓰레기장을 설치하는 가장 간단한 방법은 땅에 커다란 구덩이를 파는 거예요. 거기다 쓰레기를 붓고 묻으면 되지요. 냄새를 줄이기 위해 가끔 흙으로 덮어 주고 쓰레기를 뒤지는 동물들도 쫓아야 하지만요. 구덩이가 온갖 쓰레기로 꽉 찰 때까지 이 과정을 반복하지요. 많은 나라들이 지금도 이런 식으로 쓰레기를 처리하고 있어요.

쓰레기를 길바닥에 내버리는 것보다는 땅에 묻는 것이 훨씬 낫지만 그렇다고 쓰레기장이 완벽한 건 아니에요. 아무리 쓰레기 위로 흙을 덮어도 햇빛, 바람, 비를 피할 수는 없거든요. 쓰레기는 햇빛을 받으면서 썩고 바람에 여기저기로 날아가 흩어져요. 또 비를 맞으면 온갖 유해 물질들이 냇물과 지하수에 녹아들어 물을 오염시키기도 하지요. 그리고 음식물 쓰레기에 꼬이는 동물들을 통해서도 유해 물질이 주변으로 퍼져요. 쓰레기장을 떠돌던 동물이 먹이를 찾아 가정집 정원이나 집 안에까지 들어가기도 하는데, 이 과정에서 쓰레기의 병균을 인간에게 옮기게 되지요.

한편 쓰레기장에서 종종 화재가 발생하기도 해요. 2014년, 북극권과 가까운 캐나다 소도시 이칼루이트의 쓰레기장에서 불이 났는데, 섭씨 2천 도에 달하는 불이 무려 넉 달 동안이나 계속되었어요. 그 때문에 연기가 너무 많이 나서 근처 학교들이 휴교하는 사태까지 벌어졌지요. 결국 불도저로 불타는 쓰레기 더미를 밀어 차례차례 차디찬 물에 던지고 나서야 불을 끌 수 있었어요.

또 쓰레기장이 폭발하기도 해요. 쓰레기가 썩으면 메탄가스를 내뿜는데, 이 가스가 쓰레기장에 차곡차곡 쌓여 있다가 작은 불꽃 하나만 일어도 터지게 되지요. 어떨 때는 쓰레기가 썩으면서 생기는 열 때문에 화재가 나고 쓰레기가 폭발해요. 그런데 폭발하기 전까지는 아무 낌새도 알아챌 수 없어서 더욱 위험하답니다.

싹 바뀐 쓰레기장

1900년대에 '쓰레기 매립 시설'이라고 불리는 발전된 형태의 새로운 쓰레기장이 등장했어요. 겉모습은 여느 쓰레기장과 비슷하지만 구조는 훨씬 복잡해요. 쓰레기장 건설비와 쓰레기 처리 및 관리 비용도 월등히 비싸고요.

쓰레기 매립 시설도 기본적으로는 거대한 구덩이예요. 다른 점은 구덩이 안쪽이 진흙과 플라스틱으로 처리되어 있어 쓰레기가 땅 위로 드러나거나 지하수로 흘러들지 않는다는 거예요. 또 쓰레기에서 나오는 썩은 물을 배관으로 흘려보내 오염 물질을 모두 제거해 주지요. 그리고 땅에 스며든 쓰레기 침출수를 퍼올려서 화학 처리해 안전한 물로 바꾸어 주고, 썩은 쓰레기에서 나오는 유해 가스(대부분 메탄가스)를 다른 관으로 분리해 폭발이나 화재 위험을 줄여 주어요. 매일 쓰레기 위로 두껍게 흙을 덮어, 쓰레기를 뒤지고 다니는 동물들의 접근을 막고 쓰레기를 압축해 냄새도 줄여 준답니다.

하지만 쓰레기 매립 시설에도 문제는 있어요. 최신 기술을 동원해 쓰레기 유출을 최대한 막고 있지만, 이걸로 끝이 아니거든요. 매립 시설에 꽉 찬 쓰레기를 그대로 방치하면 비가 쓰레기 더미로 스며들어 오염된 침출수가 생기고 쓰레기에서 유해 가스가 나와요. 쓰레기 매립 시설에 더는 쓰레기를 묻지 않는다 해도 오랜 기간 지속적으로 유지와 관리가 필요하지요.

쓰레기 양이 지속적으로 증가하다 보니 쓰레기 매립 시설은 계속 커져 방대한 공간을 차지할 수밖에 없어요. 미국 로스엔젤레스 인근의 푸엔테 매립 시설은 56년간 운영되었다가 2013년에 문을 닫았는데, 엄청나게 쌓인 쓰레기의 규모가 작은 도시를 덮을 만큼 어마어마했어요. 대략 55층 빌딩 높이만큼이나 큰 언덕을 이루었지요. 2018년부터 공원으로 탈바꿈하고 있는데 이렇게 바뀌기까지 오랜 시간이 걸렸지요.

이스라엘의 항구 도시 텔아비브에 있는 아리엘 샤론 공원은 원래 거대한 쓰레기 매립 시설이었어요. '냄새나는 언덕'이란 뜻의 '히리야 산'이라 불렸지요. 이곳은 47년 만에 문을 닫고, 2001년에 아름다운 생태 공원으로 싹 바뀌었어요. 우리나라 월드컵 공원도 한강 변에 위치한 난지도라는 섬에 버려진 쓰레기 산을 복원해 조성된 생태 공원이에요. 오늘날 서울 사람들은 한때 엄청난 악취를 내뿜던 이 공원에서 달리기를 하고, 연못가를 거닐며 멋진 경치를 감상한답니다.

세상에서 가장 큰 쓰레기장은 브라질의 수도 브라질리아에 있어요. 2014년 당시 크기가 축구장의 194배에 달했고 지금도 계속 커지고 있어요.

재활용 쓰레기를 새롭게

어마어마한 쓰레기 문제를 해결하려면 어떻게 해야 할까요? 가장 간단한 방법은 최대한 쓰레기가 증가하지 않도록 미리 대처하는 거예요. 그래서 오늘날 전 세계 많은 도시들이 쓰레기 재활용과 퇴비 만들기 프로그램을 운영하고 있어요. 가능한 매립해야 하는 쓰레기 양을 줄이고 궁극적으로는 쓰레기를 완전히 없애기 위해서지요. 하지만 이 방법은 아주 새로운 아이디어는 아니에요.

1700년대 후반부터 약 100년 동안 산업 혁명이 유럽과 북아메리카 대륙을 휩쓸었어요. 거대한 공장이 대거 지어지고 새로운 기계들이 들어오면서 상품을 싼값에 대량으로 생산하게 되었지요. 사람들은 일자리를 찾아 공업

쓰레기 톡톡

단지가 조성된 도시로 몰려들었고, 그 결과 오늘날의 거대한 도시로 발돋움했어요. 하지만 도시가 커졌다고 해서 쓰레기도 똑같은 비율로 증가한 것은 아니에요. 어떤 쓰레기는 무척 값져서, 매립 시설에 버려지는 대신 아주 유용하게 재활용되었지요. 예를 들면 낡은 천은 종이를 만드는 데 쓰였고 동물 뼈는 풀과 윤활유, 성냥, 설탕, 사진 원료 생산에 필요한 화학 물질을 만드는 데 쓰였어요. 깡통은 금속 장난감으로 새롭게 태어났지요. 낡은 가죽 구두나 감자 껍질 같은 동식물 재료는 농장으로 보내져 거름으로 쓰였고요.

우리는 지금도 많은 쓰레기를 재활용하고 있어요. 재활용 쓰레기를 모으는 사람을 보통 넝마주이라고 하는데, 이집트에서는 '자발린'이라고 불러요. 자발린은 1940년대부터 비공식적으로 카이로의 쓰레기 수거를 맡아 왔어요. 이들은 당나귀 수레를 끌거나 트럭을 타고 집집마다 돌아다니며 카이로 쓰레기 가운데 3분의 2가량을 모은 뒤 집으로 가져가서 분류해요.

자발린은 상태가 양호한 쓰레기는 내다 팔고, 쓰레기로 새 상품을 만들어 팔기도 해요. 음식 찌꺼기는 옥상에서 키우는 돼지들에게 먹이고요. 이집트인들은 대부분 이슬람교를 믿어서 돼지고기를 먹지 않지만, 자발린은 기독교 신자라 직접 키운 돼지를 요리해 저녁 식탁에 올리지요. 이렇게 자발린이 수거한 쓰레기 가운데 약 85퍼센트가 재활용된답니다.

골칫거리 마당
Nuisance ground

캐나다에서 쓰였던 옛말로, 시에서 운영하는 쓰레기장을 가리켜요.

디스코 추는 쌀알
Disco Rice

쓰레기통에 꿈틀대며 득시글거리는 구더기를 뜻해요. 미국 뉴욕의 청소부들이 쓰는 은어지요.

쓰레기 매립 시설

꽉 찼음

많은 도시들이 매립 시설에 쌓여 가는 쓰레기를 줄이기 위해 온갖 노력을 하고 있지만, 쓰레기를 버릴 땅이 부족해 골머리를 앓고 있어요.

뉴욕시는 쓰레기를 매립지까지 운반하는 데만 매년 수억 달러 이상을 쓰고 있어요. 매일 2만 3천 톤의 쓰레기를 기차와 트럭에 실어 차로 최소 6시간이 걸리는 500킬로미터나 떨어진 멀고 먼 쓰레기 매립 시설로 보내거든요.

하지만 사람들은 이 때문에 아무리 비용이 많이 든다 해도 자신의 집 가까이에 거대한 매립 시설이 들어오는 건 매우 꺼려요. 그래서 끝없이 쏟아지는 쓰레기를 처리할 새 매립지를 찾

기가 더더욱 어려운 실정이지요.

싱가포르는 문제가 훨씬 심각해요. 약 586만 명이 살고 있는 동남아시아의 작은 섬나라이다 보니 더 이상 쓰레기를 버릴 곳이 없답니다. 싱가포르의 유일한 매립 시설은 말레이시아어로 맹그로브섬이라는 뜻의 인공 섬 풀라우 세마카우에 있어요. 맹그로브는 바닷가나 하구 습지에 뿌리를 내리는 나무지요.

싱가포르는 1990년대에 경제가 발전하면서 쓰레기의 양도 급속도로 증가하자, 국민들이 참여할 수 있는 재활용 운동을 벌였어요. 쓰레기 처리 업체는 최대한 많은 양을 재활용한 뒤, 남은 쓰레기는 거대한 소각로에 태워서 싱가포르 전력의 3퍼센트를 생산해 냈지요. 타고 남은 재는 플라스틱 내벽을 갖춘 풀라우 세마카우의 매립 시설에 버렸고, 재가 가득 차자 그 위를 흙으로 덮어 나무를 심었어요. 어떤 나무는 섬 위에서 자랐고, 어떤 나무는 바닷가에서 자라 맹그로브 군락을 이루었지요. 현재 이곳은 많은 사람들이 찾아와 새를 구경하기도 하고, 쓰레기를 매립해 조성된 해안가 풍경에 감탄하는 명소가 되었답니다.

똑똑 인물

넝마주이에서 쓰레기 전문가로

수만 모어는 인도 푸네에서 40년 가까이 쓰레기를 수거하고 분리하는 일을 했어요. 수만 가족이 처음 푸네에 왔을 때 할 수 있는 일이라곤 쓰레기 수거밖에 없었거든요. 수만은 처음엔 되팔아 돈을 벌 수 있는 금속 조각만 모았어요. 그러다 나중에 쓰레기 더미에서 금속 조각을 먼저 분리하면 더 많은 돈을 벌 수 있다는 것을 깨달았지요. 수만과 남편은 그럼에도 형편이 나아지지 않아서 아이 넷을 학교에 보내기 위해 하루 한 끼를 굶어야만 했어요.

몇 년 뒤 푸네의 쓰레기 수거인들은 단체를 만들어 지방 정부와 협상을 벌였어요. 그 결과 수만은 공식적으로 푸네의 쓰레기 수거인 자격을 인정받았고, 일한 만큼에 응당한 월급을 받게 되었답니다. 현재 수만은 전 세계로 강연을 다니며 쓰레기 수거 역할의 중요성에 대해 강연하고 있어요.

수만의 아이들은 모두 잘 자라 대학에 진학했거나 좋은 직장을 얻었어요. 수만은 지금도 쓰레기를 수거해 번 돈으로 푸네 빈민가 아이들의 학비를 꾸준히 대고 있답니다.

네 번째 이야기

흐물흐물 시든 양상추, 곰팡이 핀 빵, 유통기한이 지난 고기 등등 2012년 미국에서 버려진 음식물 쓰레기는 3천 5백만 톤에 달해요. 미국 환경보호청에 따르면 한 해 동안 버려지는 쓰레기 가운데 약 5분의 1이 음식물 쓰레기라고 하네요. 플라스틱과 종이를 포함한 일반 쓰레기보다 더 큰 비중을 차지하고 있지요. 미국뿐만 아니라, 유럽에서도 매년 2천 2백만 톤의 음식물 쓰레기가 발생한다는 연구 결과가 나왔답니다.

유엔식량농업기구에 따르면, 매년 전 세계에서 생산되는 식량의 30~50퍼센트가 버려진다고 해요. 음식물 쓰레기가 쓰레기장과 매립지에 섞여 들어가는 것도 큰 골칫거리예요. 음식물 쓰레기는 온갖 벌레와 동물들이 꼬여 병균이 퍼지거든요. 또 음식물 쓰레기는 썩으면서 온난화의 원인인 온실가스, 즉 메탄가스도 만들어 낸답니다.

더 심각한 문제는 음식물 쓰레기 가운데 전혀 버릴 이유가 없는 것도 많다는 거예요. 대부분은 충분히 먹을 수 있는 음식인데도 버려지고 있는 거지요. 세계 곳곳에서 수백만 명의 사람들이 굶주림에 시달리고 있는데, 왜 먹을 수 있는 음식을 버리는 걸까요? 도대체 왜 그렇게 많은 음식물들이 쓰레기장과 매립지에서 썩어 가는 걸까요?

음식과 유통기한

음식물 쓰레기가 생기는 이유는 대부분 유통 기한과 관계가 있어요. 사람들은 먹는 데 아무 이상이 없는 육류와 곡류 그리고 치즈와 요구르트 같은 유제품 포장재에 적힌 유통 기한이 얼마 안 남았다는 이유로 모두 내다 버려요. 또 가게에서는 아침 일찍 조리해 포장해 둔 샐러드와 샌드위치가 그날 문을 닫을 때까지 팔리지 않으면 모두 쓰레기통에 버리지요.

이렇게 한 번 진열되었던 음식은 다음 날 새 음식으로 교체되면서 모두 쓰레기통에 버려져요. 특히 신선도가 중요한 음식일수록 진열대에 머무는 시간이 짧답니다. 대부분 그날 가게에서 쓰고 남은 식재료도 모두 쓰레기통으로 가요. 식재료를 신선하게 보관할 곳이 부족하고, 무엇보다 식재료를 오래 보관하는 것이 법으로 금지되어 있기 때문이에요.

포장재에 있는 날짜는 무엇을 뜻하나요?

모든 음식 포장재에는 날짜가 적혀 있어요. 무슨 뜻인지 알아볼까요?

- **유통 기한** : 상품을 진열해서 판매할 수 있는 날짜예요. 소비자는 유통 기한이 지나지 않은 상품을 사야 하지만, 날짜가 지났더라도 며칠 정도는 먹을 수 있어요.
- **품질유지 기한** : 개봉되지 않은 식품에 한해, 고유의 품질을 최상으로 유지할 수 있는 최종 날짜예요.
- **소비 기한** : 식품이 몸에 해를 끼치지 않는 최종 날짜로, 이 기한 이후엔 먹을 수 없어요.

포장재에 적힌 날짜가 지났다고 해서 음식을 먹을 수 없는 건 아니에요. 제대로 보관한다면 얼마간은 먹어도 상관없어요. 음식의 신선도를 판단하는 가장 정확한 기준은 우리의 감각이에요. 음식의 색깔, 냄새, 맛이 조금 이상하다고 느껴지면 버려야 해요.

못생겨서 버리는 음식

때로는 어처구니없는 이유로 음식이 버려지기도 해요. 감자가 못생겼다고 버리는 게 말이 되나요? 감자는 크기, 색깔, 모양이 모두 제각각이에요. 따라서 겉모습보다는 맛이나 품질을 따져서 골라야 하고, 못생겼다 해도 전혀 문제될 게 없답니다. 하지만 실제 대형 슈퍼마켓에서는 벌레 하나 먹지 않은 완벽한 복숭아, 동그랗고 매끈한 감자 같은 예쁜 농산물 위주로 판매하고, 소비자들도 그런 상품을 주로 구매하지요.

그래서 논밭에서 기른 곡식이나 채소가 슈퍼마켓에 진열되기까지의 과정은 흡사 미인대회를 치르는 것 같아요. 선발 과정에서 탈락한 감자들은 밭에서 그대로 썩거나 바로 쓰레기 매립 시설로 이동하지요. 북아메리카, 유럽, 오스트레일리아 등 몇몇 나라에서는 이렇게 버려지는 못생긴 과일과 채소, 곡식이 전체 수확량의 약 3분의 1을 차지한다고 해요.

그런데 버려지지 않고 선택받은 감자라고 해서 반드시 모두 소비자의 입속으로 들어가는 건 아니에요. 선택된 감자의 다음 도전 장소는 슈퍼마켓 매대예요. 전 세계 곳곳의 슈퍼마켓에서는 매일 신선한 과일과 채소를 매대에 채워요. 붉고 싱싱한 토마토, 반들반들 윤기가 흐르는 풋사과, 신선한 브로콜리와 바나나 더미가 가득 쌓이고, 갓 수확한 감자도 매대에 함께 자리를 잡게 되지요.

그런데 과연 이 상품들이 하루 동안에 다 팔릴까요? 더구나 슈퍼마켓 직원들이 매장 문을 닫기 전까지 종일 새 상품을 매대에 새로 채워 넣을 텐데요. 소비자들이 팔고 남은 물건을 사 간다고 느끼지 않도록 말이에요. 그러다가 마감 시간이 되면 매대에 남아 있는 상품 대부분을 버리지요.

하지만 운 좋게 누군가의 장바구니에 들어간 감자도 저녁 식탁에 올라갈 때까지는 안심할 수 없어요. 2015년 연구에 의하면 영국의 각 가정에서 매주 버리는 음식물 쓰레기가 무려 6킬로그램이나 되거든요.

음식물이 이렇게 많이 버려지는 또 다른 이유는 소비자가 물건을 분별없이 구매하는 습관 때문이기도 해요. 필요할 것 같아서, 싸게 파니까, 그냥 마음에 들어서 사는 경우가 꽤 많지요. "우아, 감자가 싸고 좋아 보이네!"라고 하면서 감자를 잔뜩 사 냉장고에 처박아 두고는 잊어버리기 일쑤지요. 결국 감자는 싹이 나거나 푸르스름하고 쭈글쭈글해진 채 나중에 발견되지요. 감자들은 길고 험난한 여정 끝에 소비자를 만났지만, 안타깝게도 그들의 배 속으로 들어가지 못한 채 버려지게 되는 거예요.

1840년대 뉴욕에서는 돼지가 음식물 쓰레기를 처리했어요. 돼지는 도시를 자유롭게 돌아다니면서 고기, 뼈, 썩은 채소, 집집에서 나오는 음식 찌꺼기 등 거리에 버려진 것을 닥치는 대로 먹어 치웠지요. 뉴욕 사람들은 이렇게 키운 돼지들을 햄과 소시지 등으로 만들었어요. 이 돼지들을 재활용한 셈이지요!

음식물 쓰레기 재활용

음식물 쓰레기만 줄여도 쓰레기 문제를 어느 정도 해결할 수 있어요. 뿐만 아니라 식량을 생산할 때 드는 시간, 인건비, 거름, 연료, 물 등 많은 자원을 아낄 수 있지요. 또 음식물 쓰레기가 썩거나 소각할 때 발생하는 온실가스도 조금은 줄일 수 있지요. 2013년 유엔식량농업기구에 따르면 온실가스를 많이 배출하는 주요 국가는 중국과 미국이고, 주요 원인은 음식물 쓰레기라고 해요.

똑똑 인물

불량 식품 요리사

요리사 아담 스미스는 색다른 방식으로 남은 음식을 재활용했어요. 2013년 12월, 스미스는 영국 북부의 암리에 카페를 열고 '진짜 불량 식품 프로젝트(Real Junk Food Project)'를 시작했어요. 카페를 찾은 사람들에게 수프, 샐러드, 컵케이크, 과일 등 무엇이든 골라 먹은 뒤 원하는 만큼만 돈을 내라고 했지요.

너무 솔깃해서 믿기지 않는다고요? 사실 이 카페에서 파는 모든 음식은 쓰레기통으로 향하기 직전의 재료들로 만든 거예요. 스미스와 자원봉사자들은 식료품 공급업체, 슈퍼마켓, 제과점, 음식점에서 남은 식재료를 매일 받아서 요리한 뒤 많은 손님들을 대접했어요. 그렇게 스미스의 카페는 첫 10개월 동안 약 1만 명의 사람들을 대접했고 버려질 뻔한 식재료 20톤가량을 소비했지요.

이 아이디어는 금세 세계 곳곳으로 퍼져 나갔어요. 불량 식품 카페가 문을 연 지 1년 반 만에 '원하는 만큼만 돈을 내는' 카페가 영국에만 20개 이상 생겼지요. 브라질의 브라질리아, 폴란드의 바르샤바 사람들도 자기 도시에 비슷한 카페를 내고 싶다고 스미스에게 연락해 왔답니다.

돈은 원하는 만큼만 내세요

쓰레기 톡톡

음식물이 썩으면 메탄가스가 발생하고, 그 음식물 쓰레기를 소각하면 이산화탄소와 유해 물질이 발생해요. 이렇듯 음식물 쓰레기는 온실가스를 발생시켜 대기를 오염시킬 정도로 심각한 문제예요. 그런데, 수많은 사람들을 먹여 살릴 수 있는 많은 양의 음식이 매번 이렇게 버려진다고 생각해 보세요. 유엔에 따르면 매년 전 세계에서 약 20억 명이 먹을 수 있는 엄청난 양의 음식이 버려진다고 해요. 세계 곳곳에서 약 8억 4천 2백만 명의 사람들이 굶주리며 식량을 기다리고 있는데 말이에요.

지구 한편에서는 사람들이 배고픔에 시달리는데 다른 한편에서는 넘쳐 나는 음식을 다 먹지 못해 버리고 있어요. 어떻게 이런 일이 동시에 벌어질 수 있을까요? 그 이유는 바로 분배가 잘 되지 않기 때문이에요. 음식이 절실하게 필요하지만 식량 생산지에서 멀리 떨어진 곳이나 교통이 발달하지 않은 지역에 살고 있어서 음식을 받을 수 없는 거지요. 하지만 음식이 버려지는 곳 바로 길 건너, 혹은 이웃 마을에 사는 사람들이 굶주리고 있다면요? 그건 결국 돈 때문에 생기는 문제예요. 음식이 눈앞에 있어도 돈이 충분하지 않아 음식을 사 먹을 수 없는 것이지요.

어떤 사람에게는 음식이 남아도는데, 그 음식이 꼭 필요한 사람에게 돌아가지 않고 버려지는 건 자원의 낭비이자 자연 환경을 훼손하는 일이에요. 그러자 음식의 가치를 새로운 방식으로 계산하는 사람들이 나타나기 시작했어요. 이들은 음식물 쓰레기 문제를 해결하기 위해 여러 방법을 찾으며 노력하고 있어요.

돼지 먹이 Hog's-Wash

1800년대 영국에서는 식당이나 집집을 돌아다니며 설거지물, 요리하고 남은 국물, 식탁에 붙은 찌꺼기, 버린 음식, 바닥에 떨어진 부스러기 같은 것을 모으는 사람들이 있었어요. 그들은 양동이에 가득 채운 이 오물을 돼지에게 먹였어요. 그래서 이 음식물 쓰레기를 '돼지 먹이'라고 불렀지요. 오늘날 돼지 먹이(Hog's-Wash)는 '헛소리'라는 뜻으로도 쓰여요!

빵 접시 Trencher

중세 유럽에서는 축제 만찬 때 오래된 빵으로 접시를 만들어 썼어요. 축제가 끝나면 소스가 잔뜩 묻고 음식 부스러기가 남은 빵 접시는 동물이나 가난한 사람들에게 돌아갔지요. 그럼 쓰레기도 줄이고 설거지도 필요 없었답니다!

B급 농산물의
새로운 움직임

2014년, 프랑스 대형 슈퍼마켓 체인 인터마르셰에서는 웃긴 감자, 뒤틀린 당근, 무시무시한 오렌지 같은 이른바 '못난이 과일과 채소들의 반란' 운동을 벌였어요. 인터마르셰는 선발 과정에서 탈락한 못생긴 농산물들을 대량으로 사들인 뒤 슈퍼마켓 매대에 진열하여 보다 싸게 판매했지요.

이 운동은 큰 성공을 거두었어요. 못난이 농산물은 금세 다 팔려 나갔고 그 뒤로 더 많은 사람들이 인터마르셰를 찾았거든요. 이후 인터마르셰에 버금가는 다른 큰 슈퍼마켓에서도 못생긴 과일과 채소들을 팔기 시작했어요. 이런 농산물들은 프랑스뿐 아니라 몇몇 나라에서도 싼값에 살 수 있답니다. 못생긴 당근이나 덜 예쁜 사과도 괜찮다면 말이에요. 캐나다에서는 이런 농산물을 부적응 별종 식품 또는 자연적 결함 식품이라고 불러요. 오스트레일리아에서는 희한한 채소나 불완전한 열매라고 부르고요.

이렇게 B급으로 불리는 못생긴 농산물을 재조명하는 움직임이 전 세계로 퍼져 나가고 있어요. 어쩌면 여러분의 동네 슈퍼마켓에도 있을 거예요. 만일 없다면 슈퍼마켓에 요청해 보면 어떨까요? '못난이 과일과 채소들의 반란' 운동도 처음엔 그렇게 시작되었으니까요.

똑똑 아이디어

남는 작물 나눠 주기

2013년 2월, 영국 농부 제프 필포트는 내다 팔지 못하는 양배추와 콜리플라워로 가득한 밭을 보고 있었어요. 콜리플라워는 꽃봉오리가 촘촘하지 않았고, 양배추는 비둘기가 겉잎을 쪼아 먹어 엉망이었지요. 하지만 겉보기에는 시원찮아도 먹는 데에는 아무 지장이 없었어요. 그래서 필포트는 '글리닝 네트워크(Gleaning Network)'에 연락했어요.

글리닝(Gleaning)은 '이삭줍기'를 뜻해요. 잘 여문 농산물을 거두어들이고 난 뒤, 땅에 떨어진 낟알이나 과일과 채소 들을 차곡차곡 모으는 일이지요. 추수가 끝난 논밭에서 간혹 그대로 내버려 둔 곡물들을 볼 수 있어요. 추수하다가 빠뜨리기도 하고, 모양이 이상하거나 충분히 크지 않아서 일부러 남겨 놓은 것이지요. 또 농작물이 상할 것을 감안해 내다 팔 양보다 많이 심어서 남은 것이기도 하고요.

글리닝 네트워크의 자원봉사자들은 필포트의 밭에서 하루 동안 콜리플라워와 양배추 2톤을 수확했어요. 무려 2만 5천 명에게 나눠 줄 수 있는 엄청난 양이지요. 글리닝 네트워크는 여러 국가에서부터 지역 단체에 이르기까지, 전 세계적으로 이삭줍기 부활 운동을 펼치고 있어요. 이를 통해 목표량보다 많이 생산하여 농산물이 남아도는 농부와 신선한 농산물을 원하는 소비자를 이어 주는 역할을 톡톡히 하고 있지요.

가난한 나라에서 왜 음식물 쓰레기가 나올까?

음식물 쓰레기는 대형 슈퍼마켓이나 잘 사는 나라만의 문제가 아니에요. 2014년 유엔은 라틴 아메리카 지역에서 전 세계 음식물 쓰레기의 15퍼센트가 배출된다고 발표했어요. 북아메리카 지역이나 유럽보다는 배출량이 적지만, 라틴 아메리카의 굶주린 사람들을 충분히 먹여 살릴 수 있는 양이지요.

굶주리는 사람들이 가장 많은 아프리카에서도 음식물 쓰레기가 발생해요. 나이지리아는 세계적인 토마토 생산국이지만, 수확한 토마토의 절반은 매장에 가기도 전에 깨지거나 상해서 버려져요. 수확법과 저장법이 엉망인 데다 운송 수단이 제대로 갖춰지지 않았기 때문이에요.

케냐에서는 못생긴 채소가 쓰레기로 버려져요. 케냐는 주로 유럽 시장에 판매할 농산물을 생산하는데, 그 가운데 3분의 1이 못생겼다는 이유로 팔리지 않고 버려지는 실정이지요. 그렇다고 이 농산물이 배고픈 케냐 사람에게 돌아가는 것도 아니에요. 운송하고 저장하는 데 돈이 들기 때문이지요.

2014년 12월, 케냐에서 아프리카 최초로 '디스코 수프' 행사가 열렸어요. 디스코 수프는 음식물 쓰레기 문제를 널리 알리는 전 세계적인 운동이지요. 자원봉사자들은 꼬마 당

근, 꼬부라진 콩, 색깔이 선명하지 않은 고추 등 판매되지 못한 농작물들을 모았어요. 그런 다음 이 재료로 지역 주민들, 거리에 떠도는 아이들과 함께 음식을 만들어 멋진 축제를 열었답니다.

다섯 번째 이야기
배수구 따라 수질 오염

1858년 여름, 런던은 숨이 턱턱 막힐 정도로 더웠어요. 하지만 정작 런던 사람들을 괴롭힌 것은 열기가 아니라 지독한 냄새였어요. 런던 중심부를 가로질러 흐르는 템스강에서 악취가 너무 심하게 났거든요. 그해 여름 영국의 주요 신문사들은 앞다퉈 '템스강 대악취 사건'을 다루었어요.

이 사건이 발생한 이유는 런던 시민 300만 명이 템스강으로 쏟아 내는 정화되지 않은 생활 하수와 산업 폐수, 쓰레기가 더운 날씨에 빠르게 썩었기 때문이에요. 그런데 더 큰 문제는 템스강이 씻고 요리하고 마시는 물을 공급하는 상수원이기도 하다는 데서 발생했어요. 템스강의 수질 오염은 런던 시민들에게 끔찍한 악취뿐만 아니라 콜레라 창궐로 엄청난 불행을 안겨 주었거든요.

똑똑 정보

기름산의 습격

하수 처리 시설이 아무리 훌륭해도 오물은 완전히 제거되지 않아요. 하수가 관을 따라 잘 흘러가도록 관리하는 일이 쉽지 않거든요. 실제로 냄새가 고약하다 못해 역겨운 데다 엄청나게 거대한 기름 쓰레기가 세계 곳곳의 도시 하수관을 막고 있답니다.

기름산이라고 불리는 기름 쓰레기는 기름 찌꺼기와 가정 쓰레기가 한데 얽혀 부패한 덩어리예요. 2015년 런던 첼시 구역의 한 하수관이 부서졌는데, 확인해 보니 기름산이 길이 40미터, 무게 10톤에 이를 만큼 커지고 단단해져 일어난 사고였어요. 두 달 간이나 하수관을 고치느라 엄청난 돈이 들었지요.

2014년에는 오스트레일리아 멜버른의 하수관에서 첼시 때보다 조금 작은 기름산이 발견되었어요. 또 뉴욕시에서는 기름산 문제를 해결하기 위해 5년 동안 1,800만 달러(약 205억 원)이나 쏟아부었다고 해요.

그런데 기름산은 왜 생기는 걸까요? 요리하고 나서 하수구에 버리는 기름과 누구나 편리하게 사용하는 물휴지가 주요 원인이에요. 하수구에 버려진 기름은 곧 반고체 덩어리로 변해요. 또 물휴지는 화장지와 달리 물에 녹지 않지요. 하수도에서 물휴지와 기름이 만나면 한데 뭉쳐지면서 계속 커지는데, 그 과정에서 다른 찌꺼기들도 뒤엉겨요. 영국에서 발견된 한 거대한 기름산에는 썩은 음식, 널빤지, 테니스공까지 섞여 있었답니다!

질병을 일으키는 오수와 폐수, 배설물

쓰레기장이나 매립 시설에 넘쳐 나는 쓰레기들은 우리가 처한 환경 문제의 일부일 뿐이에요. 그보다 더 심각한 것은 바로 고약한 냄새를 풍기는 대변과 소변, 토사물이랍니다. 변기와 세면대의 수도관을 타고 쏟아져 내려가거나 폭풍우에 휩쓸려 가는 온갖 폐수들을 떠올려 보세요. 부엌 개수대에서 쓸려 내려가는 오물도요. 정말 끔찍하지요!

배설물도 아주 위험한 쓰레기예요. 특히 인간의 배설물 때문에 질병이 퍼지곤 해요. 그래서 오물이 식수에 섞이면 많은 사람들이 병에 걸릴 수 있어요. 이처럼 오염된 물 때문에 생기는 심각한 전염병 가운데 하나가 바로 콜레라예요. 심한 설사와 구토로 탈수와 경련을 일으키고, 심하면 짧은 시간 내에 죽음에 이를 수도 있는 위험한 병이지요. 그런데 콜레라 환자의 배설물에 섞인 세균이 하수로 흘러들고, 그 하수가 식수를 오염시키면 수많은 사람들이 콜레라에 감염되고 말아요.

1854년, 런던에서는 콜레라가 퍼져 몇 주 사이 1만 1천여 명이 죽었어요. 그러자 존 스노우라는 의사가 전염병이 어떻게 퍼지는지 조사했지요. 그러다 당시 하수도로 쏟아져 흘러간 배설물이 상수원인 템스강에 흘러들어 우물 하나를 오염시켰고, 그 우물을 같이 쓴 사람들이 콜레라로 사망했다는 사실을 알아냈어요. 스노우는 관계 당국에 이 사실을 보고했지만, 아무도 스노우의 말을 믿지 않았고 아무 조치도 취하지 않았지요.

그로부터 4년 뒤 템스강 대악취 사건이 발생했어요. 관계 당국도 더는 무시할 수 없을 정도로 그 폐해가 심각했지요. 그제야 정부는 런던 하수를 도시와 상수원에서 멀리 떨어진 강 하류로 보내는 하수 처리 시설을 마련하기로 했어요. 총 2만 2천 킬로미터에 달하는 하수관 및 수로를 완공하는 데 총 10년이 걸렸지요. 이 시설은 오늘날까지도 런던 대부분의 지역에서 사용되고 있어요.

템스강 대악취 사건을 해결하고 나자 놀랍게도 콜레라 전염병이 자연스레 사라졌어요. 1866년에 콜레라가 잠깐 다시 유행하긴 했지만, 런던의 하수 처리 시설이 미처 연결되지 못한 인근 지역에서만 발생했지요. 1875년 하수 처리 시스템이 완공되자 런던은 콜레라의 위험에서 완전히 벗어나게 되었어요.

하지만 아직도 매년 세계 곳곳의 많은 사람들이 오염된 물 때문에 콜레라에 걸려 고통 속에 죽어 가고 있답니다.

죽은 사람의 시체도 쓰레기?

인간의 몸에서 배출되는 쓰레기는 대변과 소변만이 아니에요. 엄밀히 말하면 사람도 죽으면 일종의 쓰레기가 돼요. 시체를 쓰레기로 여기는 게 조금 찜찜하지만, 시체로는 아무것도 할 수 없으니까요. 게다가 전 세계 죽은 사람들을 모두 관에 넣어 묘지에 묻는다면, 우리의 생활 공간은 금세 사라지고 말 거예요.

1700년대 프랑스 파리에 살던 사람들은 근처 묘지에서 나는 시체 썩는 냄새 때문에 무척 괴로웠어요. 그래도 사람들은 파리를 떠나지 않은 채 계속 살았고, 죽은 뒤 그곳 묘지에 묻혔지요. 결국 시체를 묻을 곳이 부족해지자 정부는 이 문제를 해결하기 위해 지하 납골당을 만들었어요. 당시 파리의 땅속에는 과거

2015년 미국 애리조나의 과학자들이 하수 처리 과정에서 나온 침전물에서 보물을 발견했어요. 이들의 발표에 따르면, 100만 명이 사는 도시의 하수를 처리할 경우 1,300만 달러(약 148억 원)의 금속을 얻을 수 있다고 해요. 그런데 놀랍게도 그 안에는 260만 달러(약 30억 원)에 달하는 금과 은이 포함되어 있대요. 채굴, 전기 도금, 보석 세공 등의 제조 과정에서 금과 은이 하수로 흘러든 거라고 하네요.

쓰레기 톡톡

로마 시대에 채석장으로 사용되었다가 천 년도 넘게 폐쇄되어 있던 수백 킬로미터에 달하는 지하 터널이 뚫려 있었지요. 프랑스 정부는 1786년부터 파리의 오래된 묘지를 파서 뼈를 수습한 뒤 바로 이곳으로 옮겨 지하 공동묘지로 탈바꿈시켰어요. 6백만 구가 넘는 유골을 옮기는 데 무려 12년이나 걸렸지요. 그 가운데에는 1200년 전에 죽은 사람도 있었답니다.

이곳이 바로 1810년에 만들어진 파리의 지하 공동묘지 '카타콩브'예요. 지하 20미터 아래, 수백만 구의 유골들이 1.7킬로미터가 넘는 길고 좁은 복도에 차곡차곡 안치되어 있어 독특하고도 으슬으슬한 분위기를 풍기지요. 오늘날 이곳은 일반인에게 개방되어 유명한 관광지가 되었어요.

반면 싱가포르에서는 대부분의 시체들을 불에 태워 화장했지요. 이 섬나라는 파리보다 땅이 훨씬 부족했기 때문에 죽은 자들을 오랫동안 안치할 공간이 없었거든요. 당장은 땅에 묻더라도 아주 오랫동안 내어 줄 땅이 부족했지요. 그래서 싱가포르에서는 사람이 죽으면 잠시 묻었다가 약 15년 뒤에 유골을 파내 더 좁은 땅으로 옮기거나 화장을 해요. 하지만 실제로는 싱가포르 국민 가운데 3분의 2 정도가 바로 화장한다고 해요. 화장한 재는 집에 보관하거나 싱가포르 남쪽 바다에 뿌린답니다.

날아다니는 화장실

대변이 든 봉지를 창문 밖으로 던지는 행동을 뜻해요. 영어로 'Flying toilet'이라고 하지요. 하수 처리 시설이 없는 임시 거주지에서는 비닐봉지를 끼운 양동이나 구덩이에 대소변을 봤어요. 그런 다음 인적이 드문 밤, 비닐봉지를 길거리에 내버렸답니다.

오물이다!

옛날 영국 에든버러에서는 위층에 사는 사람이 길거리로 하수를 내버릴 때 지나가는 사람들을 향해 "오물이다!(Gardyloo!)" 라고 외치며 경고했어요.

분뇨 운반차

분뇨 운반차 곧 똥차는 재래식 화장실, 이동식 화장실, 오수 저장소, 정화조에서 오물을 퍼내 처리 시설로 운반하는 트럭이에요. 영어로는 허니 왜건(Honey Wagon: 꿀 수레)이라고 하지요.

깨끗한 친환경 화장실

150여 년을 지나오면서 사람들은 배설물에 오염된 하수와 먹는 식수를 완전히 분리해 수질을 깨끗하게 관리하는 것이 얼마나 중요한지 알게 되었어요. 사실 하수 처리 시설이 잘 갖춰진 선진국에서는 대부분 별문제가 없을 거예요. 대소변을 본 뒤 변기 물을 내리기만 하면 되니까요. 쫘 소리와 함께 물이 내려가는 걸 보면, 식수 오염과 그로 인한 전염병 걱정도 싹 사라지지요.

하지만 전 세계 인구 가운데 약 3분의 1인 25억 명은 선진국 생활 수준과 거리가 멀어요. 2014년 세계보건기구 보고서에 따르면, 25억가량은 생활 터전에 하수 처리 시설 자체가 아예 없거나 매우 열악해요. 그 가운데 수억 명에 달하는 사람들은 안전하게 마실 물조차 구할 수 없는 처지예요. 언제든 깨끗한 물이 나오고 집 안에 화장실이 있는 주택에서 사는 사람들은 상상하기 어려운 일이지요. 하수 시설을 갖춘 화장실이 없다면 용변을 어떻게 볼까요? 또 깨끗한 물이 없다면 용변을 본 뒤 손은 어떻게 씻을까요?

케냐의 수도 나이로비의 임시 거주지에 사는 약 2백만 명은 이러한 위생 문제로 많은 어려움을 겪고 있어요. 임시 거주지는 보통 도시에서 일자리를 구하려는 사람들이 대충 판잣집이나 오두막을 짓고 살기 때문에 환경이 아주 열악해요. 집이 다닥다닥 붙어 있는 데다 하수 처리 시설조차 없고, 화장실이라고는 땅에 구덩이를 파 놓은 재래식 화장실 몇 개가 전부지요.

소변이 마려우면 화장실이나 변소에 가지요? 옛날에는 화장실을 뒷간, 측간이라고도 불렀어요.
냄새가 나지 않도록 화장실을 집의 뒤쪽이나 옆쪽에 일정한 거리를 두고 지어서 붙여진 이름이에요.
그리고 절에 딸린 화장실은 근심을 푸는 곳이라는 뜻에서 해우소라고 하지요. 그럼 외국에서는 화장실을 뭐라고 부를까요? 미국은 Bathroom(배스룸), 영국이나 유럽은 WC(Water Croset: 워터 크로셋), 공항 또는 쇼핑몰의 공중 화장실은 Restroom(레스트룸)이라고 해요. 어때요, 참 다양하지요?

　이러한 하수 처리 문제를 해결하기 위해 세계 각지의 많은 이들이 노력하고 있어요. 2011년, 케냐의 새너지(Sanergy)라는 회사는 '깨끗한 삶을 위한 화장실'이라는 콘셉트로 싸고 청소하기 쉬운 공공 화장실을 만들었지요. 방수 플라스틱 통에 콘크리트를 바른 작은 부스 형태로, 안에 변기 하나가 설치되어 있어요. 용변을 보고 나면 액체와 고체 배설물이 각각 다른 통으로 바로 분리되고, 냄새를 줄이기 위해 배설물 위에 뿌리는 톱밥, 휴지, 비누, 깨끗한 물까지 제공하지요. 총 설치 비용은 겨우 350달러(약 40만 원)이며, 하루 만에 부스 하나를 조립할 수 있어요.

　공공장소에 설치되었던 이 화장실은 소규모 지역 사업으로 발전했어요. 각 지역 주민들이 화장실을 소유하고, 약간의 사용료를 화장실 사용자에게 받아 운영하는 거지요. 화장실에 쌓인 배설물은 새너지의 쓰레기 수거인이 매일 치우고, 각지의 농장으로 넘겨져 거름으로 쓰인답니다.

　한편 물을 전혀 쓰지 않는 휴대용 가정 화장실도 있어요. 평범하게 생긴 하얀 상자 위에 변기가 있고 상자 안에는 밀폐 용기가 설치되어 있지요. 이 화장실은 물을 내릴 필요 없이 밀폐 용기 안에 용변이 쌓이면 그 위에 건조한 물질을 뿌려서 냄새를 줄인답니다. 이 화장실은 2015년, 카리브해에 위치한 섬나라 아이티에서 시험적으로 사용되었는데, 대소변 위에 땅콩 껍질 가루나 말린 사탕수수 껍질을 덮었지요. 그리고 밀폐 용기에 배설물이 가득 차면 일주일에 몇 번씩 수거한 다음 퇴비화 시설로 옮겨 거름으로 만들었답니다.

똑똑 아이디어

플라스틱 물병 여과기

2014년, 케냐 나이로비의 고등학생들이 버려진 플라스틱 물병 1만 개를 모았어요. 물병을 팔아서 돈을 벌 목적이었냐고요? 천만에요. 돈이 아니라 물을 얻기 위해서였어요.

학생들은 플라스틱 물병으로 누구나 손쉽게 사용할 수 있는 여과기를 저렴하게 만들 계획을 세웠어요. 여과기만 있으면 더러운 물을 깨끗한 물로 정수할 수 있거든요. 그럼 빨래와 설거지를 위해 매번 물을 사서 끓일 필요가 없지요.

학생들은 가장 먼저, 그물망에 플라스틱 조각을 가득 채워 불순물을 걸러 주는 필터를 만들었어요. 필터의 전체 구조는 훨씬 복잡하지만, 필요한 주재료는 15만 개의 그물망과 물병 1만 개가 전부였답니다. 이 여과기를 작동시키면, 수천 명의 케냐 사람들이 샤워, 빨래, 용변 처리에 필요한 깨끗한 물을 공급받을 수 있어요.

플라스틱 물병 1만 개를 모으는 건 어렵지 않았다고 해요. 케냐 사람들은 위생상 수돗물을 먹지 않고 주로 생수를 사 먹기 때문에 버려진 물병을 곳곳에서 쉽게 찾아볼 수 있기 때문이에요. 더구나 쓰레기 수거가 잘 이루어지지 않아 플라스틱 물병들이 쌓여 있기 일쑤거든요. 쓸모없는 쓰레기가 깨끗한 물을 공급해 주는 장치로 탈바꿈한 셈이지요!

여섯 번째 이야기

쓰레기 산업
24시간 영업

사방을 둘러봐도 모래만 쌓여 있는 리비아의 사하라 사막에, 아이슬란드 땅 약 5분의 1에 해당하는 어마어마한 바위산이 있어요. '메삭 세타페'라고 불리는 이곳의 바위는 모래가 뭉쳐져 굳어진 사암이에요. 메삭 세타페는 돌을 캐어 도구를 만드는 과정에서 나온 엄청난 쓰레기가 지형을 바꿀 수도 있다는 것을 최초로 보여 주었지요.

현생 인류가 나타나기 전인 약 50만 년 전, 원시인들은 이곳에서 돌을 캐어 필요한 도구를 만들었어요. 일단 무엇을 만들지 생각한 뒤 바위를 쪼개고 날카롭게 다듬어 칼이나 긁개 혹은 당시 널리 쓰이던 편리한 도구들을 만들었지요.

원시인들은 수십만 년 동안 메삭 세타페에서 도구를 만들었고, 그 과정에서 수많은 흔적을 남겼어요. 커다란 바위 표면은 점을 찍은 듯이 여기저기 파였고, 당시 사람들이 돌을 캐고 떠 냈던 작은 채석장들이 지금까지도 어지러이 흩어져 있지요. 뿐만 아니라 도구를 만드는 과정에서 나온 쓰레기가 엄청 쌓여 있답니다. 돌 부스러기와 돌 조각, 만들다 버려진 도구 등 모두 메삭 세타페의 사암으로 만들어진 쓰레기예요. 2011년, 고고학자들의 연구 결과에 따르면 메삭 세타페에는 1제곱미터당 평균 75점의 도구나 잔해들이 남겨져 있다고 해요. 말하자면 이곳은 쓸모없는 돌 도구들로 뒤덮인 드넓은 쓰레기장이라고 할 수 있지요.

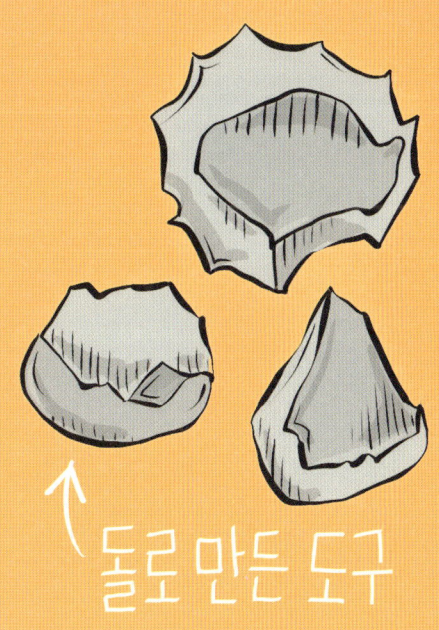

↑ 돌로 만든 도구

↖ 탄광 폐석장

채굴과 돌무더기 쓰레기

역사를 살펴보면 메삭 세타페처럼 쓰레기 때문에 지형이 변한 사례를 많이 찾아볼 수 있어요. 예나 지금이나 산업 규모가 커질수록 어마어마한 쓰레기를 만들어 내요. 예를 들면 돌로 건물을 지을 때 큼직한 돌덩이만 쓰고, 쓸모없는 부스러기 조각들은 모두 버려지지요.

약 6백년 전 남아메리카 안데스 산맥에서 번성했던 잉카 제국은 모든 건물과 도로를 돌로 건설했어요. 그래서 잉카 제국 유적지에는 지금도 건물과 도로의 잔해가 남아 있고, 반으로 잘린 돌 조각과 부서진 도구들이 채석장과 건설 현장을 잇는 오래된 길에 버려져 있어요.

1700년대부터 산업 혁명으로 세계 각지의 공장들이 대량 생산을 시작하면서 산업 규모도 점점 커졌어요. 그만큼 쓰레기 배출량도 크게 증가했지요. 당시에는 공장이나 증기 기관차를 석탄 연료로 가동해서 석탄 채굴이 활발했어요. 특히 영국의 웨일스 지역은 석탄이 풍부해서 탄광과 함께 탄광에서 발생하는 돌무더기와 찌꺼기를 버리는 폐석장도 빠르게 늘어났는데, 폐석장 주변은 환경이 엉망인 데다 위험하기까지 했지요.

그러다 결국 사건이 터졌어요. 1869년 웨일스 남부 애버판 마을 바로 옆에 탄광이 문을 열고 난 뒤 1966년에 이르자 마을은 어느새 7개의 거대한 폐석장에 둘러싸이게 되었어요.

그런데 그해 10월 21일, 마을에서 가장 가까운 폐석장에서 높이 250미터, 부피 4만 세제곱미터에 달하는 석탄 폐기물이 무너지면서, 몇 분 만에 초등학교를 비롯한 마을 일부를 덮쳐 버린 거예요. 올림픽에서 사용되는 수영장 16개를 채울 만한 엄청난 규모의 산사태였지요. 안타깝게도 총 144명이 사망했고, 그 가운데 116명이 초등학생들이었답니다.

똑똑 정보

깨진 항아리 언덕

올리브기름은 고대 로마 시대 때 중요한 산업 자원이었어요. 하지만 이로 인해 '몬테 테스타치오'라는 독특한 쓰레기가 생겨났지요.

당시 로마 사람들은 올리브기름이 담긴 항아리를 배에 실어서 지중해 건너 다른 지역으로 운송했어요. 그리고 목적지에 도착하면 기름을 큰 통에 옮겨 붓고 항아리는 씻어서 다시 사용했지요. 하지만 씻어도 깨끗해지지 않거나 깨져 버린 항아리들은 깨진 항아리 언덕에 던져 버렸답니다.

서기 10년 무렵부터 약 250년 동안 깨진 항아리들이 당나귀 등에 실려 언덕에 버려지면서 언덕은 점점 높아졌어요. 이 언덕이 '몬테 테스타치오'랍니다. 즉, 몬테 테스타치오는 2천 년 전 올리브기름을 담았던 커다란 항아리의 잔해들로 이루어진 언덕이에요.

고고학자들에 따르면 이곳에 2천 5백만 개의 항아리와 그 조각들이 쌓여 있다고 해요. 하지만 겉보기에는 로마의 여느 언덕과 비슷해요. 걸을 때 도자기 조각 밟히는 소리가 나는 것만 빼고요. 현재 풀과 덤불로 뒤덮인 이 커다란 언덕 위에는 유명한 음식점이나 가게들이 줄지어 들어서 있어요. 이곳에 가면 로마 역사를 연구하기 위해 깨진 도자기 더미를 파내고 있는 고고학자와 마주칠지도 모른답니다.

산업 폐기물 대란

오늘날 여러 산업에서 발생하는 쓰레기는 토양뿐 아니라 대기와 수질에도 많은 영향을 미쳐요. 이러한 산업 폐기물은 집과 학교에서 나오는 생활 쓰레기와는 차원이 다르답니다.

종이 공장에서 쏟아지는 폐수는 토양과 수질을 오염시키고, 발전소 굴뚝에서 뿜어져 나오는 미세 먼지와 이산화탄소는 대기를 더럽혀요. 이 때문에 지구 온난화, 오존층 파괴 등 기후 변화가 발생하지요. 또 공장의 제조 과정에서 발생하는 열 때문에 재먼지가 쌓이고, 기름과 가스를 생산하는 현장엔 황화 수소 가스로 가득해요. 특히 황화 수소 가스는 썩은 달걀 냄새가 나는 독한 기체로, 이 가스에 오래 노출되면 건강을 크게 해친답니다.

한편 땅을 계속 파헤치는 일도 쓰레기를 발생시켜요. 오늘날 채굴 산업은 산업 혁명 시절 웨일스의 탄광과는 비교할 수 없을 정도로 규모가 커요. 그래서 돌 부스러기, 광물과 기름의 찌꺼기, 채굴 공정에서 쓰이는 화학 물질, 오염된 물 등 이전보다 훨씬 많은 독성 물질과 쓰레기가 생겨나지요. 이런 독성 물질은 보통 커다란 인공 연못에 저장해요. 캐나다 석유

생산협회에 따르면, 캐나다 앨버타주의 오일 샌드(원유를 함유한 암석) 생산지에서 독성 물질이 저장된 연못의 면적은 220제곱킬로미터에 달한다고 해요.

관계 당국은 인공 연못의 안쪽을 덧대고 댐으로 막아 독성 물질이 주변 환경으로 퍼지지 않도록 철저히 관리하고 있어요. 하지만 이런 조치가 늘 완벽한 건 아니에요. 결국 2014년 캐나다 서부 지역에 있는 4제곱킬로미터 크기의 연못에서 독성 물질이 일부 새어 나갔어요. 독성 물질이 섞인 연못 물이 작은 만과 황야의 호수로 흘러들어 오염되자, 일반 보행 도로 정도였던 만의 너비가 금세 축구장의 2배 정도로 넓어졌어요. 여러 유해 물질과 쓰레기가 지형을 바꾼 것이지요!

'탄소 양자점'은 빛이나 전기 같은 외부 자극을 받으면 가시광선 영역의 빛을 발하는 미세 나노 입자예요. LED, 태양 전지, 텔레비전을 비롯한 수많은 가전에 사용되고 있지요. 탄소 양자점은 독성이 있는 비싼 광물질로 만드는데, 현재 과학자들이 토르티야, 빵, 탄산음료 같이 음식물 쓰레기로 탄소 양자점을 만드는 실험을 진행하고 있어요. 미래에는 누군가가 남긴 샌드위치가 텔레비전 부품으로 반짝이고 있을지도 모른답니다.

날로 증가하는 농업 쓰레기

농업도 광업이나 제조업과 마찬가지로 쓰레기를 많이 배출해요. 젖소를 키우는 목장이라면 하루만 지나도 거름이 한가득 나와요. 추수기가 되면 벼를 키우는 논에는 짚단이 높이 쌓이고, 감자나 토마토를 기르는 밭은 수확하고 남은 식물 줄기로 너저분해지지요. 이것들은 시간이 지나면 모두 썩어 사라져요. 하지만 문제는, 그 과정에서 지구 온난화를 가속화하는 메탄가스와 수질을 더럽히는 각종 오염 물질이 발생한다는 거예요.

플라스틱 쓰레기도 큰 문제인데 특히 농부들이 플라스틱 제품을 어마어마하게 쓴답니다. 동물 사료는 대부분 플라스틱 필름, 즉 비닐에 싸여 있고 화학 물질, 거름, 보충 사료 등도 플라스틱 용기에 담겨 있거든요. 또 농장에서는 플라스틱 재질의 호스와 줄, 각종 도구의 손잡이 그리고 비닐하우스 등이 반드시 필요하지요.

게다가 과일이나 채소를 재배할 때 땅을 비닐로 뒤덮어요. 작물이 뚫고 올라올 정도의 공간만 남겨 두고, 길게 잘라 놓은 비닐로 밭을 덮어 두면 잡초가 자라지 않고 땅속 수분이 증발하는 것을 막아 주어 작물이 잘 자라거든요. 그리고 비닐 색깔이 진할수록 태양열과 땅속열을 많이 흡수해 작물이 빨리 여물게 돼요. 이렇게 비닐은 우리가 먹을 식량의 생산을 도와주지만, 동시에 엄청난 양의 쓰레기도 만들어 낸답니다.

똑똑 기업

쓰레기를 자원으로 만드는 테라사이클!

사람들은 대개 어떤 물건이 쓸모없다고 생각되면 쉽게 버려요. 과자나 사탕을 다 먹고 남은 포장지는 별다른 소용이 없으니까요. 그런데 헝가리 출신인 톰 쟈키가 이러한 쓰레기의 쓰임새를 찾아냈어요.

쟈키는 프린스턴 대학교 재학 시절에 쓰레기를 줄일 수 있는 방법을 고민했어요. 그러다 2001년, 학교를 그만두고 테라사이클(TerraCycle)이라는 환경 기업을 설립했지요. 쟈키는 처음에 지렁이로 사업을 시작했어요. 음식물 쓰레기를 모아 지렁이에게 먹인 뒤 지렁이의 배설물로 천연 비료를 만들었지요. 그 뒤 쟈키는 효능이 입증된 지렁이 배설물을 재활용 플라스틱 용기에 담아 판매했고 큰 성공을 거두었어요.

오늘날 테라사이클은 21개국에 진출해 모든 형태의 폐기물을 수집하고 재활용하는 사업을 하고 있어요. 과자나 사탕 포장지는 화려한 재활용 도시락과 필통으로, 주스 팩은 도로 포장용 돌로, 온갖 플라스틱 쓰레기는 더 가치 있는 플라스틱 신제품의 주요 재료로 재탄생되고 있지요. 뿐만 아니라 버려진 담배꽁초 필터는 플라스틱 화물 운반대로 다시 태어났고, 나머지 담배 도막은 잘게 부숴 지렁이의 먹이로 활용되고 있답니다.

쓰레기 불법 처리 산업

산업이 엄청난 쓰레기를 만들어 내긴 하지만, 쓰레기로 인해 새로운 산업이 생겨나기도 해요. 쓰레기를 수거해 처리하거나 새로운 상품으로 재활용할 때 많은 돈을 벌 수 있거든요. 2011년 유엔은 전 세계 쓰레기 관련 산업 규모가 연간 4천 1백억 달러(약 466조 원)에 달한다고 발표했어요. 그런데 이 수치는 인도, 아르헨티나 등에서 쓰레기를 수거하고 재활용해 돈을 버는 소규모 쓰레기 수거인들의 수익이 빠진 거라고 해요. 그러니 실제로는 더 어마어마하겠지요. 이 금액이면 국제 우주 정거장을 3개나 지을 수 있다고 하네요.

대부분의 사람들은 환경 보호와 자원을 절약한다는 소중한 가치를 위해 쓰레기 처리와 재활용 산업에 종사하고 있어요. 하지만 이를 돈벌이 수단으로 삼는 사기꾼도 있지요.

특히 큰 돈벌이가 되는 독성 쓰레기 불법 처리는 매우 심각한 문제를 가져와요. 독성 쓰레기는 토질과 수질을 오염시키고 사람을 병들게 하며 심지어 죽음에 이르게 하기 때문이지요. 그럼에도 몇몇 사람들은 법을 무시한 채 자연을 훼손하고 사람을 다치게 하는 일을 대수롭지 않게 여겨요.

현재 전 세계의 많은 나라들이 독성 쓰레기 처리 문제를 법으로 엄격하게 다루고 있어요. 하지만 처리 비용이 매우 비싸서 법을 피해 더 저렴한 방법을 찾으려는 사람들이 더러 있답니다.

실제로 이탈리아에서는 1990년대 초반까지만 해도 유명한 범죄 조직인 마피아를 끌어들여 좀 더 싸게 독성 쓰레기를 처리하곤 했어요. 많은 돈을 들여 독성 쓰레기를 안전하게 처리하는 대신, 그보다 적은 돈을 마피아에게 주고 몰래 버리게 했지요. 마피아는 불법 처리를 청탁받고, 독성 쓰레기를 트럭에 실어 이탈리아 남부로 가서 무단으로 버렸어요. 땅에 묻기도 하고 쓰레기장이나 들판, 배수로, 운하 등에 쏟아붓기도 했지요. 그 가운데 몇몇은 범행이 드러나 교도소에 갔지만 독성 쓰레기 문제는 전혀 해결되지 않고 있어요. 지금도 여전히 녹슨 드럼통에서 하수가 흘러나와 유해 물질이 땅과 물로 스며들고, 쓰레기 더미에서 큰 불이 나 독극물 가득한 연기 기둥이 솟아오르고 있지요. 또한 쓰레기 매립지에 쌓여 있는 위험한 쓰레기들은 바람을 타고 멀리 퍼져 우리의 생활 환경 곳곳에 영향을 주고 있답니다.

'줄줄 쏟는' 레오 라토레-강물 오염꾼

'썩은' 로사 리코타-쓰레기 방치꾼

생태 산업 단지의
쓰레기 재활용과 순환

산업 쓰레기가 항상 골칫거리는 아니에요. 덴마크의 작은 항구 도시 칼룬보르에는 쓰레기가 거의 나오지 않는 생태 산업 단지가 있어요. 이곳에서는 한 산업에서 발생하는 쓰레기를 다른 산업체의 원료로 활용해 해결책이 되고 있거든요.

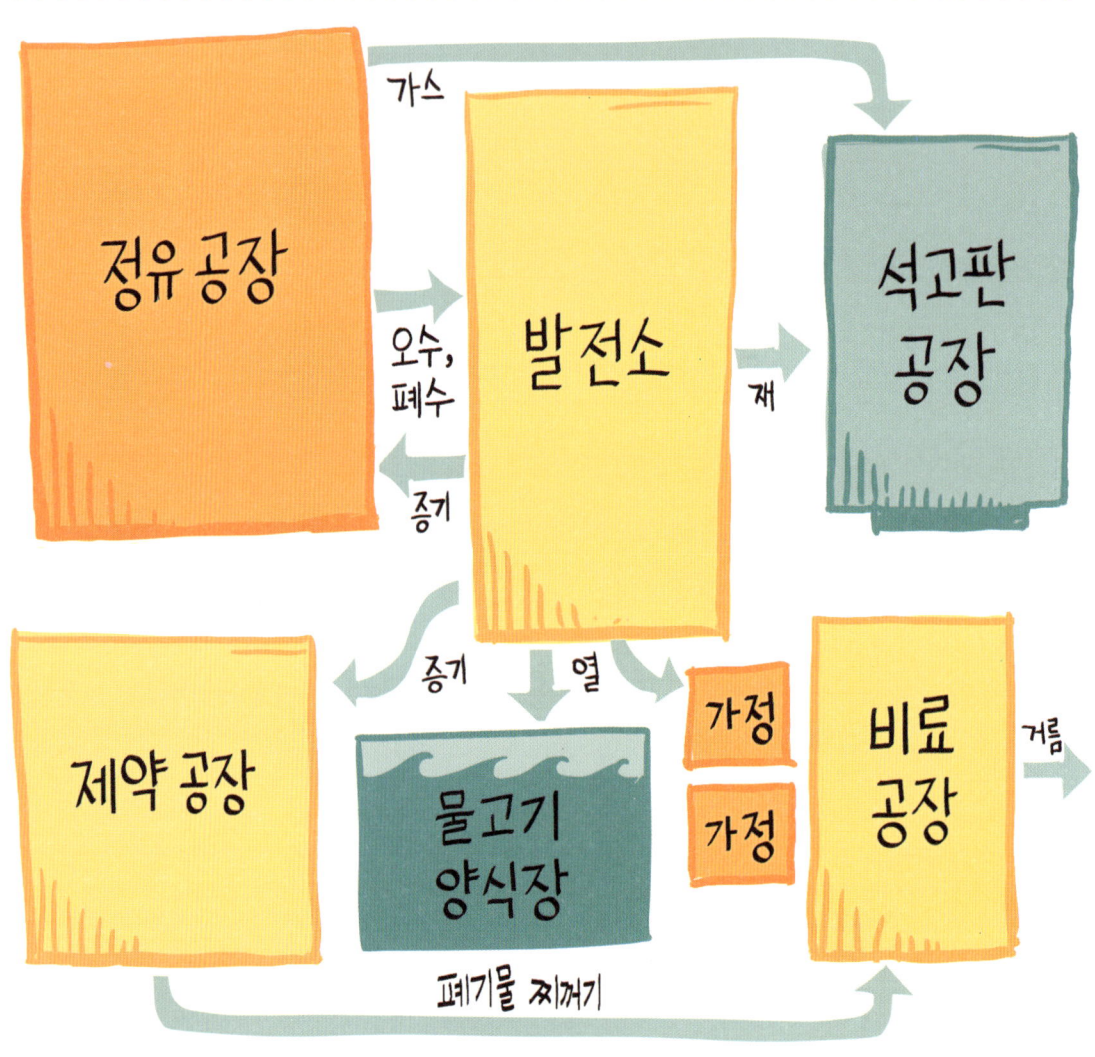

쓰레기 톡톡

그럼 생태 산업 단지의 쓰레기 재활용 과정을 살펴볼까요? 정유 공장에서 나온 오수와 폐수는 발전소 기계의 열을 식혀 주는 냉각수로 쓰여요. 그리고 발전소에서 나온 증기는 정유 공장과 제약 공장을 가동하는 에너지로 쓰이고, 발전소 열은 일반 가정과 물고기 양식장을 따뜻하게 해 준답니다. 석고판 공장은 정유 공장에서 나오는 가스로 가동되고, 발전소에서 발생하는 재를 기본 원료로 써요. 제약 공장에서 나온 폐기물 찌꺼기는 비료 공장을 거쳐 지역 농장의 거름으로 재탄생하지요. 9개의 주요 산업체와 가정, 농장은 이러한 방식으로 쓰레기를 재활용하고 순환시키는 데 적극 참여하고 있어요.

칼룬보르 생태 산업 단지의 산업체들은 각자 이윤을 추구하면서도 서로 도울 수 있는 방법과 쓰레기를 줄이기 위한 대책을 찾으며 점차 성장했어요. 덴마크 정부에서도 칼룬보르 산업 단지의 쓰레기 재활용과 순환 정책을 지원하고 독려했어요. 나아가 산업 쓰레기를 줄이고 재활용하는 효과적 방안을 연구하기 위해 관련 기관도 설립했지요.

쓰레기 재활용의 가장 성공적인 사례로 꼽히는 칼룬보르 외에도 캐나다 노바스코샤주, 이탈리아 프라토, 미국 매사추세츠주, 프랑스 리옹 등 세계 곳곳에 비슷한 생태 산업 단지들이 있어요. 최근 유엔환경계획은 생태 산업 단지를 기획 중인 산업체와 지역 사회를 지원하기 위해 안내서도 펴냈답니다.

선저폐수 Bilge

배 밑바닥에 고이는 혼합물로, 새어 나온 연료유와 독성 물질, 바닷물이 섞여서 생겨요. 쓸모없는 것을 가리키는 은어이기도 해요.

실패 Bobbin

1900년대 당시 영국 북부에 있는 면직 공장 수백 군데가 문을 닫았어요. 그 바람에 실을 감는 도구인 '실패'를 비롯해 수많은 기계들이 버려졌지요. 이때부터 실패가 '쓸모없다.'는 은어로도 쓰였답니다.

일곱 번째 이야기

쓰레기 마트 처리 불능 쓰레기

시간이 지나도 사라지지 않는 쓰레기는 늘 존재해 왔어요. 메삭 세타페의 돌무더기, 남아프리카 동굴 바닥에 흩어져 쌓여 있는 조개껍데기처럼요. 폐기물이 넘쳐 폭발한 쓰레기장, 무너져 내린 폐석장, 독성 물질에 오염된 연못 같은 위험한 쓰레기도 마찬가지예요.

그런데 약 50년 전부터 이전과 비교할 수 없을 정도로 심각한 쓰레기가 등장했어요. 이 새로운 쓰레기는 전 세계 곳곳에 널리 퍼지면서 큰 골칫거리로 떠올랐지요. 바로 플라스틱과 전자·전기 폐기물이에요.

지구를 위협하는 플라스틱

플라스틱은 분해되어 사라지지 않기 때문에 어디에서나 쉽게 볼 수 있어요. 바람에 실려 여기저기 흩날리거나 덤불에 얽혀 붙박이거나 바다 위를 둥둥 떠다니기도 하지요. 특히 바다를 오염시키는 플라스틱이 가장 심각해요. 최근 연구에 따르면 2010년 한 해 동안 바다로 흘러든 플라스틱이 적게는 약 480만 톤, 많게는 약 1,270만 톤에 달한다고 해요. 무엇보다 바다로 흘러드는 플라스틱의 양이 매년 증가하고 있다는 게 큰 문제예요.

사실 1950년대만 해도 바다에서 플라스틱을 보기 어려웠어요. 플라스틱 사용량이 많지 않았던 데다, 1965년 이전에는 비닐봉지가 세상에 나오지도 않았으니까요.

2014년 유엔 보고서에 따르면 미국인 1명당 매년 약 1,200개의 비닐봉지를 소비하고, 플라스틱 소재의 장난감과 접시, 요구르트병 그리고 온갖 포장재를 사용하고 있다고 해요. 미국보다는 덜하지만 아시아와 아프리카에서도 플라스틱 사용량이 빠르게 늘고 있어요.

하지만 플라스틱은 재활용 비중이 높지 않아요. 환경 전문 연구 기관인 월드워치연구소의 발표에 따르면 2012년에 유럽에서 재활용된 플라스틱은 전체 플라스틱 폐기물의 약 25퍼센트에 불과하다고 해요. 36퍼센트는 소각해 에너지를 생산했고 나머지는 쓰레기 매립지로 보내졌지요. 그에 비해 같은 해, 미국에서는 폐기된 플라스틱 가운데 겨우 9퍼센트만 재활용되었어요. 무려 3천만 톤에 달하는 플라스틱이 쓰레기로 버려진 거예요.

썩지 않고 남아 있는 쓰레기

플라스틱의 가장 큰 문제점은 오랜 시간이 흘러도 사라지지 않는다는 거예요. 종이와 나무, 금속은 언젠가 썩거나 녹슬어 사라져요. 하지만 플라스틱은 썩지 않고 그대로 남아 있지요. 플라스틱이 사라지기까지 백만 년이 걸릴 거라고 하는데, 실제로 얼마나 걸릴지는 아무도 몰라요.

생각해 보세요. 오늘날 지구 상에 존재하는 모든 플라스틱은 만들어진 지 기껏해야 몇십 년밖에 되지 않았어요. 그러니 플라스틱 쓰레기는 앞으로 아주 오랫동안 우리 곁에 남아 있을 거예요.

그런데 플라스틱 쓰레기를 재활용하는 방안이 오히려 새로운 환경 문제가 되기도 해요. 최근에 다 쓴 플라스틱 병이나 용기를 잘게 잘라 재킷이나 담요로 업사이클링(Up-Cycling : 버려지는 제품을 단순히 재사용하는 차원을 넘어 전혀 다른 새로운 제품으로 생산하는 것)하는 경우가 많은데, 재킷이나 담요를 빨 때마다 작은 플라스틱 섬유 조각이 조금씩 떨어져 나오기 때문이에요. 이 조각은 강과 호수를 거쳐 결국은 바다로 흘러가지요. 또 스크럽 제품이나 치약에 든 미세 플라스틱, 온갖 크기와 모양의 비닐봉지, 다 쓴 샴푸 통, 그물에서 떨어져 나온 플라스틱 조각, 일회용 포장재, 커피 캡슐 등 생활 곳곳에서 사용되는 온갖 플라스틱 찌꺼기들도 모두 바다로 흘러가요.

이렇게 모인 플라스틱 쓰레기는 해류의 흐름을 따라 이리저리 떠다녀요. 쓰레기의 일부는 먼 바닷가로 떠밀려 가기도 하지만, 대부분은 5개의 커다란 환류에 갇히지요. 환류는 여러 해류가 만나 소용돌이치면서 연속적으로 회전하는 큰 규모의 해류예요.

환류에 휩쓸리던 플라스틱 쓰레기는 결국 한 지점에 다다르는데, 그 가운데 가장 유명한 곳이 '태평양의 거대 쓰레기섬'이에요. 바닷새와 고래는 둥둥 떠다니는 플라스틱들을 먹이로 착각해 집어삼켜요. 물고기나 거북도 강한 자외선에 부서진 플라스틱을 먹이인 줄 알고 달려들지요. 더 잘게 부서진 플라스틱은 바다 깊숙한 곳까지 가라앉아 흩어지고요. 이렇게 플라스틱은 바다와 그곳에 사는 동물들을 위험에 몰아넣고 있답니다.

쓰레기 톡톡

미세 플라스틱

플라스틱 상품을 만드는 첫 단계인 아주 작은 플라스틱 알갱이예요. 미세 플라스틱은 트럭이나 기차의 거대한 컨테이너에 실려 공장까지 운송되지요. 그사이 컨테이너에서 떨어진 플라스틱 부스러기들이 도로나 철로에 흩어져 새, 벌레 그리고 작은 포유동물들의 배 속으로 들어가기도 한답니다.

가정 잡배수

개수대, 욕실, 배수구, 세탁기 등 가정에서 배출되는 하수 가운데 대소변을 뺀 모든 오수를 뜻해요. 잡배수로 변기 물을 내리거나 정원에 물을 주면 재활용할 수 있지요.

전자·전기 폐기물

쓰레기계에 새로운 주인공이 등장했어요. 바로 세탁기부터 휴대 전화에 이르기까지 버려진 전자·전기 기기예요. 이런 폐기물이 문제가 되는 이유는 여러 가지인데 그 가운데 중요한 하나는 부품에 유해 화학 물질이 들어 있어 매우 위험하다는 거예요. 또 전자·전기 제품이 너무 많이 생산되고 있어서 이로 인한 자원 고갈도 심각하지요. 그래서 플라스틱 쓰레기와 마찬가지로 전 세계 여러 나라의 정부와 국제 단체들이 전자·전기 폐기물 문제를 해결하기 위해 노력하고 있어요.

집에 있는 전자·전기 제품들을 떠올려 보세요. 비디오 게임기, 로봇 장난감 등 종류도 참 다양하지요. 그런데 이 물건들이 부서지거나 구형이 되면 대부분은 고치거나 최신 성능으로 변경하기가 까다로워요. 또 멋진 새 텔레비전이나 최신 태블릿 컴퓨터를 사는 편이 나으니까 오래된 텔레비전을 굳이 공들여 고치거나 낡은 컴퓨터를 업그레이드하고 싶어 하지 않지요. 이 경우 오래된 기기는 재활용 센터로 보내지기도 하지만 무조건 재활용되는 건 아니랍니다.

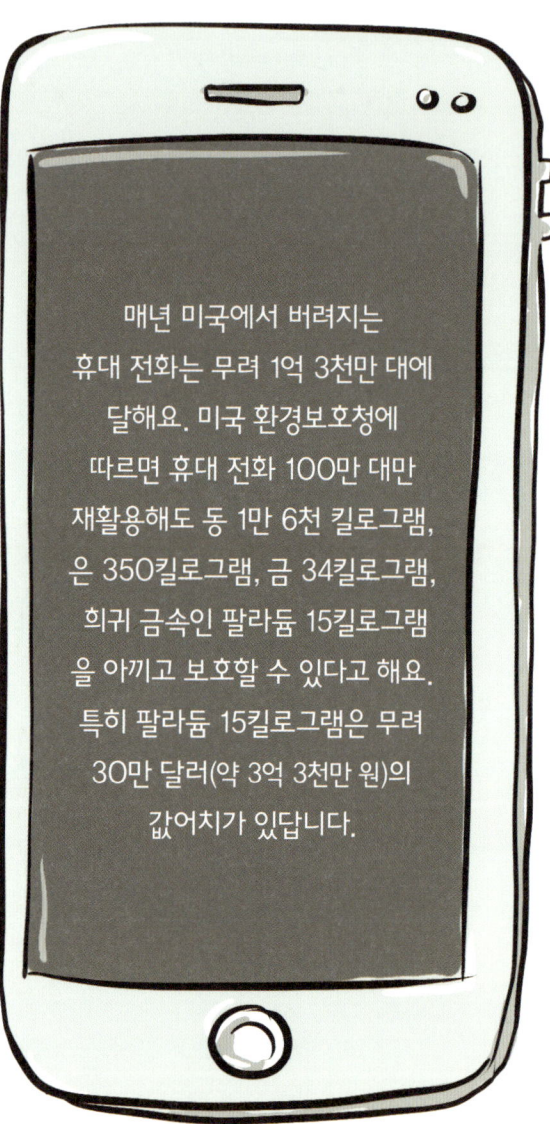

매년 미국에서 버려지는 휴대 전화는 무려 1억 3천만 대에 달해요. 미국 환경보호청에 따르면 휴대 전화 100만 대만 재활용해도 동 1만 6천 킬로그램, 은 350킬로그램, 금 34킬로그램, 희귀 금속인 팔라듐 15킬로그램을 아끼고 보호할 수 있다고 해요. 특히 팔라듐 15킬로그램은 무려 30만 달러(약 3억 3천만 원)의 값어치가 있답니다.

갈 길이 먼 전자 기기 재활용

전자 기기는 귀한 물질들로 구성되어 있어요. 금, 동, 니켈 같은 값비싼 금속과 인듐, 팔라듐 같은 희귀 금속이 들어가거든요. 게다가 이런 금속 물질들은 재활용도 가능하기 때문에 이용 가치가 높답니다.

하지만 전자 기기에는 수은, 납, 카드뮴 등 자연을 오염시키는 독성 물질도 많이 포함되어 있어요. 또한 화재 위험을 줄이기 위해 기기 속 플라스틱에 화학 물질을 첨가하는데, 이때 사용되는 브롬계 난연제 역시 독성 물질이에요. 이 유해 성분이 식수나 음식물에 들어가면 사람과 동물을 병들게 하지요.

그런데 전자 폐기물을 안전하게 재활용하려면 돈이 많이 들어요. 그래서 많은 폐기물들이 불법으로 처리되고 있는데, 이때 독성 쓰레기가 발생해서 아주 위험하지요. 하지만 현재는 전자 폐기물 불법 처리를 추적하거나 막기 어렵다고 해요. 미국에서 전자 폐기물로 수거된 낡은 컴퓨터 한 대를 예로 들어 볼게요. 이 컴퓨터는 중고 상품으로 둔갑하여 재활용 관련 법률이 엄격하지 않은 개발도상국으로 수출돼요. 그곳에서 멀쩡한 상품으로 팔리기도 하지만, 값비싼 금속만 쏙 빼낸 뒤 또다시 버려져 전자 폐기물이 되는 경우도 많답니다.

똑똑 정보

에베레스트산의 쓰레기

세계의 지붕이라고 불리는 에베레스트산에는 새하얀 눈만 쌓여 있는 게 아니에요. 등산가들이 수십 년 동안 산을 오르내리며 두고 간 쓰레기가 어마어마하게 뒤덮여 있어요. 버려진 텐트, 조리용 버너, 빈 산소통, 심지어 산을 오르다 죽은 등산가의 시체까지 말이지요. 쓰레기가 얼음에 갇혀 있기도 하고요.

뿐만 아니라 인간의 배설물도 쌓여 있어요. 매년 700여 명의 등산가와 안내인인 셰르파가 에베레스트산에 오르는데, 그들 모두 대소변을 누니까요. 각 계절마다 12톤에 달하는 배설물이 다른 쓰레기들과 섞여 얼음과 눈 속에 묻혀 있는 실정이랍니다.

문제는 이 쓰레기들을 치우기가 퍽 어렵다는 거예요. 에베레스트산의 고도가 높다 보니 공기가 부족해서 커다란 헬리콥터를 띄우기 힘들고, 헬리콥터가 착륙할 공간을 찾기도 어렵거든요. 셰르파들이 최대한 많이 수거해 오지만, 그럼에도 한가득 쌓인 쓰레기를 치우기엔 턱없이 부족한 상황이에요.

전자 폐기물은 어디로 가나요?

10년 전만 해도 전자 폐기물의 종착지는 중국이었어요. 특히 광둥성의 구이유 지역은 전자 폐기물 불법 처리의 중심지로 세계 최대의 전자 제품 쓰레기장이었지요. 사람들은 전 세계에서 들어온 낡은 전자 기기를 분해해 희귀 물질을 빼내고, 남은 플라스틱은 태워 금속을 얻었어요. 그런데 이 과정에서 심각한 문제가 발생했지요. 전자 기기의 독성 물질이 구이유의 생활 환경 구석구석에 침투한 거예요. 흙, 물, 공기뿐만 아니라 음식 그리고 사람의 몸속에까지 스며들었어요. 그 결과 구이유의 많은 어린이들이 인체에 치명적인 독성 물질 때문에 온갖 질병에 시달리고 있지요.

중국은 전자 폐기물 불법 처리 산업을 단속해 더 큰 피해를 막으려고 노력하고 있어요. 다른 여러 나라들도 보다 안전하게 전자 폐기물을 처리하기 위해 서둘러 관련 법을 제정했지요. 현재 전자 폐기물은 관련 법이 엄격하지 않은 베트남, 인도, 방글라데시로 몰리고 있어요. 엄청난 양의 전자 폐기물이 아프리카로 가는 것도 같은 이유예요.

아프리카에서 가장 크며, 나아가 세계에서 손꼽히는 전자 폐기물 쓰레기장은 가나의 수도 아크라예요. 약 2만 명의 사람들이 전자 폐기물을 재활용하는 일로 먹고살지요. 그런데 더 큰 문제는 유독 어린이들이 쓰레기장에서 많이 일한다는 거예요. 그곳의 아이들은 독성 물질 때문에 이미 건강 상태가 좋지 않아요. 다행히 상황이 조금씩 나아지고 있지만요.

2014년 가을, 가나의 지역 단체 두 곳이 국제 환경 단체와 협력해 전자 폐기물 쓰레기장을 전자 폐기물 재활용 센터로 변신시키는 작업을 시작했어요. 가장 먼저 전선 피복을 벗기는 기계를 들여왔지요. 덕분에 독성 가스가 발생하는 플라스틱을 태우는 작업이 중지되었고, 기계로 안전하게 플라스틱을 제거해 귀금속을 얻게 되었어요. 가나에 번듯한 재활용 센터를 세우고 건강한 재활용 운동을 확산시키기까지는 갈 길이 멀지만, 드디어 전자 폐기물 재활용의 첫발을 뗀 셈이지요.

받는 곳: 여기만 빼고 어디든지!

똑똑 아이디어

코리페섬의 쓰레기 영웅

코리페섬은 태국에서도 아름다운 섬으로 꼽혀요. 하얀 모래사장, 따뜻한 바다, 푸르고 울창한 정글로 유명하지요. 하지만 플라스틱 쓰레기로도 악명 높아요. 멀리 인도와 말레이시아, 미얀마에서 해류를 타고 떠내려온 쓰레기 때문에 코리페섬과 근처 작은 섬들까지 몸살을 앓고 있거든요.

참다 못한 코리페섬의 몇몇 주민들은 2013년 12월, '태국의 쓰레기 영웅'이라는 단체를 설립한 뒤, 정기적으로 바닷가를 청소하는 환경 보호 활동을 시작했지요.

자원봉사자들은 매주 월요일마다 관광객용 작은 배에 함께 올라타고 먼 바닷가로 나가요. 바닷가에 도착하면 몇 시간 동안 쓰레기를 주워 담지요. 그런 다음 지역 회사에서 나눠 주는 무료 점심을 먹고 바다에서 수영하다가 수거한 쓰레기 봉지를 들고 코리페섬으로 돌아온답니다. 이 쓰레기들은 대부분 재활용과 가공을 하기 위해 중앙 본부로 옮겨지고 재활용이 안 되는 나머지는 지역 쓰레기장으로 보내져요.

'태국의 쓰레기 영웅' 자원봉사자들은 18개월 동안 슬리퍼 약 8만 개, 플라스틱 물병 약 6만 1천5백 개, 플라스틱 라이터 약 1만 6천 개, 유리병 약 1만 8천8백 개, 스티로폼 약 2백 세제곱미터, 재활용이 안 되는 쓰레기 3톤가량을 수거했어요. 이 환경 보호 활동은 그 뒤 태국의 다른 지역과 인도네시아에서도 시작되었답니다.

맺음말

쓰레기의 미래

← 사람이 왔다 감!

인류는 옛날부터 지금까지 쓰레기 문제로 늘 골치를 앓아 왔어요. 그런데 이제는 지구 밖 쓰레기까지 걱정해야 하는 시대가 되었어요. 사람들이 우주에까지 쓰레기를 버리고 있거든요. 현재 지구 주위에는 고장 난 위성, 오래된 로켓에서 떨어져 나온 도구와 기계 부품 같은 우주 쓰레기 수억 개가 떠돌고 있어요. 심지어 달에도 미국 성조기 5장, 장화 12켤레, 깃털, 아주 비싼 카메라 몇 대, 배설물 96봉지 등 무려 181톤이나 되는 쓰레기를 버렸지요.
 그럼 이 우주 쓰레기를 치우려면 어떻게 해야 할까요? 현재 많은 과학자들이 해답을 찾으려고 노력하고 있어요. 그러는 동안 지구의 쓰레기를 줄이기 위해 우리가 해야 할 일이 많아요. 다행히 전 세계 곳곳에서 수많은 환경 전문가들이 지구의 쓰레기 문제를 해결하기 위해 끊임없이 연구하고 있답니다.

플라스틱이 사라지려면

가장 시급한 환경 문제 가운데 하나는 매년 엄청나게 쌓이는 플라스틱 쓰레기예요. 플라스틱 쓰레기를 만드는 데는 5초, 사용하는 데는 5분이 걸리지만 분해가 되려면 500년 이상 필요할지도 몰라요. 정부와 기업 그리고 개인이 힘을 합쳐 플라스틱 쓰레기 문제를 해결하려 하고 있는데, 특히 한 번 쓰고 버리는 얇은 일회용 비닐봉지가 큰 골칫거리지요.

현재 많은 나라들이 가게에서 비닐봉지 대신 재활용 종이봉투를 사용하게끔 법으로 규제하고 있어요. 비닐봉지를 살 수 있다 해도, 비닐봉지에 부과된 세금을 더 내야 한답니다. 그 세금은 비닐봉지를 재활용하거나 안전하게 버리는 환경 보호 비용으로 쓰이지요.

비닐봉지를 아예 쓰지 못하게 하는 나라도 있어요. 2008년, 아프리카의 르완다는 일회용 비닐봉지 사용을 전면 금지했어요. 이를 어기면 징역 1년을 선고받았고, 비닐봉지를 들고 가다 발각되어도 벌금을 물어야 했지요. 공항에서는 세관원들이 르완다에 비닐봉지가 들어오지 못하도록 짐을 일일이 검사했답니다. 그 결과 르완다의 쓰레기 양이 크게 줄어들었고 수도 키갈리의 거리도 눈에 띄게 깨끗해졌어요. 이렇게 비닐봉지 사용을 금지한 지 몇 달 만에 효과가 나타나자, 유엔은 키갈리를 아프리카에서 가장 깨끗한 도시로 선정했어요. 이를 계기로 아프리카에서는 비닐봉지 사용 금지법이 점차 확산되고 있답니다.

하지만 무작정 사용하지 않는 것만으로는 플라스틱 쓰레기 문제를 해결할 수 없어요. 이미 지구 곳곳에 버려진 플라스틱 쓰레기들을 깨끗이 치워야 하니까요. 다행히 네덜란드 청년 보얀 슬랫이 바다에 떠다니는 쓰레기 더미를 처리할 해결책을 내놓았어요.

　슬랫은 대학 재학 시절, 물에 뜨는 거대한 V자 모양의 플라스틱 막대를 바다에 설치한 뒤, 해류에 밀려온 플라스틱 쓰레기들이 막대에 저절로 붙게 하는 장치를 떠올렸어요. 이렇게 수거된 플라스틱을 태양광 에너지를 이용해 자가발전 하는 장치로 보내 바로 분쇄하는 방식이었지요. 슬랫은 이 아이디어를 실현하기 위해 2013년, '오션클린업'이라는 비영리 환경 단체를 세웠어요. 전 세계에서 3천8백여 명의 후원자가 참여했고, 220만 달러(약 26억 원)의 후원금이 모였지요. 자원봉사자, 과학자, 공학자 100명으로 구성된 오션클린업은 10년 이내에 태평양의 거대 쓰레기 더미를 50퍼센트가량 청소할 계획이랍니다. 또 쓰레기들이 바다에 닿기 전에 강에서 처리하는 플라스틱 청소선을 개발하기도 했지요.

쓰레기를 에너지로

스웨덴이 다른 나라보다 특별히 더 깨끗한 것은 아니지만, 스웨덴 사람들은 쓰레기를 현명하게 재활용해요. 쓰레기를 버리면서 돈도 벌거든요. 스웨덴 역시 각 가정마다 상당히 많은 쓰레기가 나오지만, 매립지로 향하는 비중은 아주 적어요. 쓰레기를 최대한 많이 재활용한다는 뜻이지요. 재활용이 안 되는 쓰레기는 대부분 에너지 발전에 사용되고, 남은 쓰레기만 매립지에 버려진답니다.

스웨덴에서는 쓰레기로 에너지를 만드는 발전소를 곳곳에서 볼 수 있어요. 먼저 쓰레기를 커다란 소각로에 보내 태우는데, 이때 나오는 열기로 물을 데워 증기를 발생시키고, 증기로 발전기를 돌려 전기를 생산해요. 전기는 전력망을 통해 각 가정과 산업체에 공급되지요. 스웨덴은 이렇게 훌륭한 에너지 순환 시스템을 갖춘 덕에 돈을 받고 다른 나라의 쓰레기를 가져와 에너지로 재생산하기까지 한답니다.

일반 쓰레기뿐만 아니라 배설물도 에너지로 바꿀 수 있어요. 스웨덴의 상공업 도시 예테보리에 있는 한 에너지 회사는 도시에서 배출되는 배설물 가운데 고체만 걸러 바이오 가스를 생산하고, 이 가스를 각 주유소에 보내 자동차 연료로 판매하고 있어요. 또 배설물을 처리할 때 발생하는 열에너지는 지역 난방으로 활용하지요. 이 열에너지 덕분에 약 3만 6천 동의 아파트가 저렴한 비용으로 온수와 난방을 해결하고 있어요.

현재 스웨덴뿐만 아니라, 많은 도시들이 쓰레기를 에너지로 재생산하고 있어요. 모두가 깨끗한 환경을 위해 쓰레기와 온실가스 배출을 줄이고 돈까지 절약할 수 있는 '쓰레기-에너지 변환 시스템'에 투자하고 있답니다.

세계 곳곳의 실천가들

쓰레기 문제를 해결하는 가장 좋은 방법은 쓰레기를 아예 만들지 않는 거예요. 하지만 이건 현실적으로 불가능해요. 쓰레기는 인류가 살아가기 위해 물건을 만들어 쓰는 과정에서 필연적으로 생겨날 수밖에 없으니까요. 대신 불필요한 쓰레기의 양은 줄일 수 있겠지요. 함께 조금만 신경 쓰면 얼마든지 가능해요.

2014년, 독일 베를린에 사는 젊은 두 여성 밀레나 글림보프스키와 사라 볼프는 비닐봉지, 알루미늄박, 깡통, 병, 일회용 포장재 등을 전혀 사용하지 않기로 결심했어요. 그리고 포장 제품은 절대 팔지 않는 작은 슈퍼마켓 '오리기날 운페어팍트(Original Unverpackt)'를 함께 열었지요. 이들은 깔끔하게 이름표가 붙은 유리병, 왕골 바구니, 투명 플라스틱 재활용 용기 등에 다양한 식재료와 음식을 채워 진열했어요. 치약, 빨랫비누 그리고 다양한 가정용품들도 구비해 놓았지요. 손님들은 각자 자신이 쓰는 바구니와 용기를 가져오거나 매장에서 재활용 용기를 산 다음, 거기에 음식을 담아 계산하고 집으로 가져가요. 이곳에서 산 바구니나 용기는 다음에 방문할 때도 얼마든지 사용할 수 있답니다.

하지만 포장재를 지구에서 완전히 없애기는 어려울 거예요. 컴퓨터나 가구같이 조심히 옮겨야 하는 상품을 운송할 때는 완충 역할을 하는 포장재가 필요하니까요. 그럼 이때 스티로폼 대신 버섯을 사용하면 어떨까요? 2007년, 미국의 기업 '에코버티브 디자인(Ecovative Design)'은 버섯류에서 뽑아낸 가는 섬유로 튼튼한 포장재를 만들었어요. 이 포장재는 형태와 기능이 스티로폼과 매우 비슷해요. 하지만 스티로폼과 달리 다 쓰고 나면 부수어 정원에 비료로 뿌릴 수 있지요.

너무 많은 자원을 낭비한다고 여겨 다른 이들이 버린 옷, 가구, 음식 등으로 살아가는 사람들이 있어요. '프리건'이라고 불리는 그들은 상품을 절대 구입하지 않고 길거리를 돌아다니며 음식점과 식료품 가게에서 버린 음식을 모으기도 해요. 또한 프리건은 포장재를 줄이

스티로폼 vs. 버섯

고 재활용하는 것에서 그치지 않고 물건을 완벽하게 모두 사용해서 아무것도 버리지 않으려 노력하지요.

물론 길거리를 둘러보고 쓰레기통을 뒤져 저녁거리를 찾는 일이 좀 꺼림칙할 수도 있어요. 그렇지만 어디를 어떻게 살피느냐에 따라 음식의 질이 크게 달라진답니다. 대부분의 프리건은 근처에서 음식을 가져갈 만한 장소와 가져가기 가장 좋은 시간대를 잘 알고 있어요. 이렇게 구한 음식을 다른 프리건과 나누기도 하지요. 구해 온 치즈 몇 조각과 식빵 반 봉지로 치즈 샌드위치를 만들어 좋아하는 친구들과 함께 나눠 먹는다면 더 좋을 테니까요!

똑똑 정보

쓰레기 없는 학교

2014년, 캐나다 온타리오주의 해밀턴에 위치한 성 마르그리트 듀빌 초등학교는 하루에 배출하는 쓰레기 양을 커다란 쓰레기 봉지 하나로 제한했어요. 나머지 쓰레기는 재활용하거나 학교 정원의 거름으로 썼지요.

그래서 이 초등학교는 이듬해 캐나다에서 가장 깨끗한 학교로 선정되었답니다.

새로운 쓰레기 새로운 처리법

우리는 전 세계 많은 사람들이 쓰레기를 줄이기 위해 노력하고 있다는 사실을 알게 되었어요. 자, 그럼 맨 처음에 던졌던 질문을 떠올려 보아요. 쓰레기란 무엇일까요? 쓰레기는 모두 어디로 갈까요?

쓰레기는 '우리가 버리는 모든 것'을 뜻해요. 하지만 프리건들은 세상의 모든 물건이 쓰레기가 아니라고 여기기 때문에 물건을 끝까지 사용하지요. 스웨덴의 에너지 회사는 쓰레기를 에너지로 바꾸어 사용하고 있고요. 또 르완다 사람들과 베를린의 두 여성은 비닐봉지 같은 일회용품을 자신들의 일상생활에서 아예 없애 버렸지요.

사실 쓰레기는 지구에서 완전히 사라지지 않아요. 누군가가 쓰레기를 버리면 그 쓰레기는 다른 곳으로 이동할 뿐이지요. 매립지에 처박히고, 바다 한가운데를 떠다니기도 하며, 땅속에 묻혀 메탄가스를 만들어 내기도 해요.

그렇다고 쓰레기가 우리의 생활 터전을 망가뜨릴 때까지 내버려 둘 건가요? 지금이라도 힘을 모으고 애써야 쓰레기가 넘쳐 나는 세상을 바꿀 수 있어요. 쓰레기를 줄이고자 노력하는 사람들과 함께 작은 것부터 실천해 보아요!

줄이기 도전!

여러분에게 도전 과제를 줄게요. 주변에서 흔히 볼 수 있는 물건 가운데 언젠간 버려질 물건의 목록을 작성해 보아요. 이 목록을 작성하는 펜도 나중에는 버려지겠지요?

단, 제한 시간을 딱 정해 놓고 적어야 해요. 그렇지 않으면 목록이 너무 길어질 테니까요. 10분 동안 메모지에 적은 물건이 몇 개나 되나요?

무얼 적어야 할지 잘 모르겠다고요? 그럼 살짝 귀띔해 줄게요. 샌드위치 포장 용기, 냉장고에 든 우유갑, 쓰레기통에 구겨져 있는 일회용 포장지 등등이에요. 고장 난 플라스틱 장난감이나 새로 사려고 서랍에 처박아 둔 구형 휴대 전화도 좋은 예랍니다.

이 과제는 친구들과 함께 할 수도 있어요. 누가 가장 긴 목록을 작성하는지 대결해 보아요. 목록을 다 적고 나서 버려질 물건들을 어떻게 처리하는 게 좋을지, 쓰레기를 줄일 수 있는 방법은 없는지 생각해 보세요. 쓰레기 없는 점심시간은 어때요? 일회용 플라스틱 물병 안 쓰기 운동은요? 여러분이라면 좋은 아이디어를 더 많이 떠올릴 수 있을 거예요.

대결! 버려질 물건 목록 작성하기

자신이 갖고 있는 물건 가운데 언젠간 버려질 물건의 목록을 작성해 보아요. 제한 시간은 딱 10분이에요. 누가 가장 긴 목록을 작성하는지 친구들과 대결하고, 환경 보호를 위한 놀라운 아이디어도 떠올려 함께 이야기해 보아요.

나의 버려질 물건 목록

-
-
-
-
-

환경 보호를 위한 아이디어

초등 교과 : 도덕6 6.함께 살아가는 지구촌

대결 방법
1. 자기 주변에서 곧 버려질 물건들을 찾아보기
2. 책, 신문, 인터넷 등을 통해 환경 자료를 조사하기
3. 친구들과 물건 목록을 비교하고, 각자의 아이디어를 공유하기

친구의 버려질 물건 목록
-
-
-
-
-
-

환경 보호를 위한 아이디어

세계 환경 지도

이 책의 내용을 바탕으로 세계 곳곳에서 실천하고 있는 환경 보호 대책들을 지도로 살펴볼까요?

영국
- 2012년부터 글리닝 네트워크(Gleaning Network)에서 남아도는 농산물을 소비자에게 나누는 운동을 펼치고 있어요.
- 2013년, 암리에서 버려질 뻔한 각종 재료로 음식을 만드는 '진짜 불량 식품 프로젝트(Real Junk Food Project)'를 시작했어요.

캐나다
- 2014년, 온타리오주의 성 마르그리트 듀빌 초등학교에서 하루 쓰레기 배출량을 큰 봉지 1개 이하로 제한했어요.
- 잭 맥기니스는 1978년부터 쓰레기 수거 시스템인 파란색 상자 프로그램을 시작해 재활용의 중요성을 알렸어요.

네덜란드
- 2009년 10월, 암스테르담에 물건을 버리지 않고 고쳐 쓰는 세계 최초의 수선 카페가 열렸어요.
- 2013년, 보얀 슬랫이 태평양의 거대 쓰레기 더미를 10년 안에 수거하기 위해 '오션클린업(The Ocean Cleanup)' 단체를 세웠어요.

미국
- 2007년, 에코버티브 디자인(Ecovative Design) 기업에서 버섯으로 스티로폼을 만들었어요.
- 2001년, 톰 쟈키가 테라사이클(TerraCycle) 기업을 설립하고 쓰레기를 자원으로 만들었어요.
- 2018년부터 로스엔젤레스 푸엔테 매립 시설이 생태 공원으로 탈바꿈하고 있어요.

프랑스
- 2014년, 대형 슈퍼마켓 체인 인터마르셰에서 못생겨서 버려지는 농산물을 싼값에 파는 '못난이 과일과 채소들의 반란' 운동을 벌였어요.

아이티
- 2015년, 물을 쓰지 않아도 되고 용변을 퇴비로 쓸 수 있는 휴대용 가정 화장실을 시험 사용했어요.

르완다
- 2008년부터 수도 키갈리를 중심으로 일회용 비닐봉지 사용을 전면 금지했어요.

태평양 대서양

케냐
- 2011년, 새너지(Sanergy)에서 쓰레기 배출량이 적고 청소하기 쉬운 깨끗한 공공 화장실을 만들었어요.
- 2014년, 나이로비의 고등학생들이 버려진 플라스틱 물병 1만 개로 정수 공급을 위한 여과기를 만들었어요.
- 2014년 12월, 판매되지 못한 농산물들로 음식을 만들어 아프리카 최초로 '디스코 수프' 축제를 열었어요.

초등 교과 : 사회 6-2 2. 통일 한국의 미래와 지구촌의 평화
(3) 지속 가능한 지구촌

스웨덴
- 1980년 이래 예테보리를 중심으로 쓰레기를 걸러 친환경 에너지로 재생하는 에너지 순환 시스템을 갖추었어요.

중국
- 정부에서 쓰레기 증가 속도를 늦추기 위한 조치로 2010년, 과잉 포장 금지법을 세계 최초로 통과시켰어요.

덴마크
- 1980년 이래 작은 항구 도시인 칼룬보르에 쓰레기가 거의 나오지 않는 생태 산업 단지를 조성했어요.

독일
- 2014년, 베를린에서 포장 제품을 팔지 않는 친환경 슈퍼마켓인 오리기날 운페어팍트(Original Unverpackt)가 열렸어요.

대한민국
- 한강 변에 위치한 난지도의 쓰레기산을 복원해 2002년, 서울 월드컵 경기장 인근에 '월드컵 공원'을 조성했어요.

태국
- 2013년 12월, 코리페섬의 '태국의 쓰레기 영웅' 단체가 바다를 청소하는 환경 보호 활동을 시작했어요.

이스라엘
- 항구 도시 텔아비브에 거대한 쓰레기를 매립해 2001년, 아름다운 생태를 자랑하는 '아리엘 샤론 공원'을 조성했어요.

싱가포르
- 1999년부터 넘쳐 나는 쓰레기를 '풀라우 세마카우' 인공섬에 매립해 자연 친화적인 맹그로브 군락을 조성했어요.

인도
- 1980년부터 푸네에서 쓰레기를 수거해 온 수만 모어가 전 세계를 향해 쓰레기 수거의 중요성에 대해 목소리를 높이고 있어요.

인도양

참고 자료

카이로의 자발린: 보기 드문 성공담 | 이치아 아기레 | 인터내셔널 폴리시 다이제스트 | 2015.6.12 | internationalpolicydigest.org/2015/06/12/cairo-s-zabaleen-a-rare-success-story

미국 최대 매립 시설, 쓰레기 처리 않고 운영 중단 | 리나 안와르 | NPR | 2014.2.22 | npr.org/2014/02/22/280750148/closing-americas-largest-landfill-without-taking-out-the-trash

네팔의 에베레스트, 너무 많은 사람으로 몸살을 앓다 | 연합통신 | 가디언 | 2015.3.3 | theguardian.com/world/2015/mar/03/too-much-human-poo-on-mount-everest-says-nepal

플라스틱, 재활용에서 새 상품까지 | 로버타 바벌레이스 | EnvironmentalChemistry.com | 2007.2.6 | environmentalchemistry.com/yogi/environmental/200702plasticrecycling.html

영국 런던 하수 시설에서 사상 최대 '기름산' 제거 | BBC 뉴스비트 | 2013.8.6 | bbc.co.uk/newsbeat/article/23586290/britains-biggest-fatberg-removed-from-london-sewer

도시화로 인한 산악 쓰레기 증가 | 네이트 버그 | 시티랩 | 2012.6.13 | citylab.com/work/2012/06/urbanization-comes-mountains-trash/2273

쓰레기섬 혹은 천국의 쓰레기? | 에릭 블랜드 | 뉴사이언티스트 | 2007.4.11 | newscientist.com/article/mg19425991-600-island-of-trash-or-the-garbage-of-eden

베를린의 두 여성, 포장재 없는 슈퍼마켓 설립 | 레아 보로메오 | 가디언 | 2014.9.16 | theguardian.com/sustainable-business/2014/sep/16/berlin-duo-supermarket-no-packaging-food-waste

파란 상자의 아버지 금주 사망 | 루이스 브라운 | 토론토스타 | 2011.2.4 | thestar.com/news/gta/2011/02/04/father_of_the_blue_box_died_this_week.html

진짜 불량식품 프로젝트 : 영국 리즈의 카페에서 버려지는 음식 20톤으로 1만 명을 먹이고 세계적인 운동으로 확산시키다 | 리사 캠벨 | 인디펜던트(런던) | 2014.12.16 | independent.co.uk/news/uk/home-news/real-junk-food-project-the-leeds-cafe-that-has-fed-10000-people-using-20-tonnes-of-unwanted-food-and-9926579.html

유정 근처 독성 물질 연못과 오일샌드 쓰레기에 관한 모든 것 | CBC 뉴스 | 2014.8.5 | cbc.ca/news/technology/tailings-ponds-for-mining-and-oilsands-waste-faqs-1.2727889

전 세계 인구 3분의 1은 여전히 적정 화장실 부족 | 케이티 대이글 | 연합통신 | 2015.6.30 | breitbart.com/news/one-third-of-worlds-people-still-have-no-proper-toilets

최악의 포장재 쓰레기 사례 10가지 | 김 콜컴 | PLAN | 2014.6.16 | postlandfill.org/examples-of-packaging-waste

새너지 | 키바 | kiva.org/partners/258

쓰레기를 보물로 바꾸기 : 대규모 쓰레기장 '히리야, 이스라엘의 가장 큰 생태 공원으로 변신
| 제이콥 리안 | 노카멜스: 이스라엘 이노베이션 뉴스 | 2015.2.19 | nocamels.com/2015/02/landfill-site-hiriya-ariel-sharon-park-recycling

컴퓨터가 최후를 맞는 지옥 풍경 | 제이콥 쉴러 | 와이어드 | 2015.4.23 | wired.com/2015/04/kevin-mcelvaney-agbogbloshie

식량 생산을 위해 얼마나 많은 물이 필요하고 얼마나 많은 물이 버려지는가? | 아미 세지 | 가디언 | 2013.1.10
| theguardian.com/news/datablog/2013/jan/10/how-much-water-food-production-waste

19살 청년, 전 세계 바다에서 플라스틱 752만 톤을 수거할 정화 장치 발명 | 티몬 싱 | inhabitat | 2013.3.26
| inhabitat.com/19-year-old-student-develops-ocean-cleanup-array-that-could-remove-7250000-tons-of-plastic-from-the-worlds-oceans

프리건의 신념 : 버리지 말자, 원하지 말자 | 윌리엄 스키델스키 | 가디언 옵저버 | 2009.7.19 | theguardian.com/environment/2009/jul/19/freegan-environment-food

우주 감시와 추적 | European Space Agency | 2017.11.11 업데이트 | esa.int/Our_Activities/Operations/Space_Situational_Awareness/Space_Surveillance_and_Tracking_-_SST_Segment

자원 재활용 : 오수 생태학적 재활용의 모험 | 캐롤 스테인펠트, 데이비드 엘 포르토 | 에코워터 북스 | 2007 | amazon.com/Reusing-Resource-Adventures-Ecological-Wastewater/dp/096667832X

쓰레기는 언제 최고점에 도달할까? | 요셉 스트롬버그 | smithsonian.com | 2013.10.30 | smithsonianmag.com/science-nature/when-will-we-hit-peak-garbage-7074398

쓰레기 : 전 세계 음식 스캔들을 밝히다 | 트리스트램 스튜어트 | W.W.Norton | 2009 | amazon.com/Waste-Uncovering-Global-Food-Scandal/dp/0393068366

2050년 전 세계 인구 97억 명에 달해 | 유엔경제사회처 | 2015.7.29 | un.org/development/desa/en/news/population/2015-report.html

디스코 추는 쌀알, 그 외 쓰레기 수다 | 이안 어비나 | 뉴욕타임스 | 2004.7.31 nytimes.com/2004/07/31/nyregion/disco-rice-other-trash-talk-picking-up-garbage-means-picking-up-lingo.html

빈돌란다 판자 | vindolanda.csad.ox.ac.uk

아프리카 빈민가의 친환경 어린이와 물 여과 시스템의 만남, 플라스틱 통이 멋지게 환생하다
| 벨린다 웨이마우스 | 허핑턴포스트 | 2015.3.19 | huffingtonpost.com/belinda-waymouth/ecominded-kids-water-filtration-in-african-slum_b_6899280.html

마피아의 후예가 남부 이탈리아의 땅을 오염시켜 | 짐 야들리 | 뉴욕타임스 | 2014.1.29 | nytimes.com/2014/01/30/world/europe/beneath-southern-italy-a-deadly-mob-legacy.html

쓰레기 덕에 최초의 군집 생활 시기가 새롭게 밝혀지다 | 엠마 영 | 뉴사이언티스트 | 2004.11.16 | newscientist.com/article/dn6646-garbage-betrays-date-of-earliest-village-life

소비와 쓰레기의 백과사전 : 쓰레기의 사회과학 | 칼 질링, 윌리엄 랏제 | SAGE | 2012 | uk.sagepub.com/en-gb/asi/encyclopedia-of-consumption-and-waste/book235186

- 사파리 홈페이지의 독후 활동 자료실에서 참고 자료의 자세한 내용을 확인하세요.

찾아보기

ㄱ
개똥 27
건전지 30
걸리플러프 27
경제 대공황 29
경제 호황 29
골칫거리 마당 37
공공 화장실 55
공장 27, 29, 36, 58, 60, 67
광고 29
광물질 61
구이유 74
국제 우주 정거장 64
글리닝 47
금 52, 72, 73
기름산 50
깡통 10, 11, 30, 37, 80

ㄴ
나이로비 54, 56
난연제 73
날아다니는 화장실 53
납 73
납골당 52
넝마주이 37, 39
노바스코샤 67
니켈 73

ㄷ
담배꽁초 63
도시 쓰레기 31
독극물 65
독성 물질 연못 60, 61, 68
독성 쓰레기 65, 73
돌무더기 19, 20, 22, 68
동 73
뒷간 54
디스코 수프 48
디스코 추는 쌀알 37

ㄹ
로켓 76
리옹 67

ㅁ
마르그리트 듀빌 81
마야 32
마피아 65
매립지 23, 38, 40, 65, 69, 79, 82
맹그로브섬 39
머드락 17
메모리카드 31
메삭 세타페 57, 58, 68
메탄가스 31, 33, 34, 40, 45, 62, 82
모헨조다로 23, 25
몬테 테스타치오 59
몰타 22
못난이 과일과 채소들의 반란 46
무기물 32
물휴지 50

ㅂ
바다 쓰레기 77, 78
바르샤바 44
바이오 가스 79
발전소 60, 67, 79
배설물 9, 51, 54, 55, 63, 73, 76, 79
범죄 조직 65
변기 22, 51
보석 세공 52
보얀 슬랫 77, 78
분뇨 운반차 53
분리수거함 9, 13
불량 식품 44
브라질리아 35
브롬 73
비닐봉지 10, 69, 71, 77, 80, 82
비료 31, 63, 67, 80
빈돌란다 20
빈민가 39
빵 접시 45
뼛조각 15, 16

ㅅ
사라 볼프 80
사암 57
산사태 59
산업 혁명 36, 58, 60
산티아고 28
상수원 49, 51
새너지 55
생태 공원 35
생태 산업 66, 67

ㅁ
미국 환경보호청 40, 72
미노스 문명 23
민물조개 15
밀레나 글림보프스키 80

ㅅ

석유생산협회 60, 61
석탄 58
선저폐수 67
세계 대전 22, 29
셰르파 73
소각로 39, 79
소모품 30, 31
소비 기한 41
소비자 29, 41, 42, 43, 47
수로 51
수만 모어 39
수선 카페 28
수은 73
스크럽 71
시골 쓰레기 26
시체 17, 52, 53, 73
실패 67
쓰레기 매립 시설 34, 35, 38, 42
쓰레기 무덤 21
쓰레기 수거인 32, 39, 55, 64
쓰레기-에너지 변환 시스템 79
쓰레기장 18, 32, 33, 34, 37, 40, 51, 57, 65, 68, 74, 75
쓰레기통 9, 10, 18, 23, 31, 41, 44, 81, 83

ㅇ
아담 스미스 44
아리엘 샤론 공원 35
아이티 55
아크라 74
악취 20, 49, 51
안데스 산맥 58
알루미늄박 80
애버판 59

앨버타 61
야영지 18, 20, 24
에너지 14, 67, 69, 79, 82
에버글레이즈 17, 18
에베레스트 73
에코버티브 디자인 80
여과기 56
연료 15, 44, 58, 79
예테보리 79
오물 13, 19, 27, 45, 50, 51, 53
오션클린업 78
오수 67
오염 12, 14, 24, 33, 34, 45, 49, 51, 54, 60, 61, 62, 65, 68, 69, 73
오일샌드 61
온난화 40, 60, 62
온실가스 40, 44, 45, 79
온타리오 30, 81
올리브기름 9, 59
우주 쓰레기 9, 76
월드워치연구소 69
웨일스 58, 59, 60
유골 53
유기물 17, 32
유엔 45, 48, 64, 69, 77
유엔경제사회처 25
유엔식량농업기구 40, 44
유엔환경계획 12, 67
유적 18, 19, 20, 22, 58
유통 기한 40, 41
윤활유 37
은 52
은어 37, 67
음식물 쓰레기 17, 26, 33, 40, 41, 43, 44, 45, 48, 61, 63

음식 찌꺼기 14, 17, 18, 31, 32, 37, 43
이삭줍기 47
이산화탄소 60
이슬람교 37
이칼루이트 33
인구 25, 26, 27, 29, 54
인터마르셰 46
일회용 26, 27, 31, 71, 77, 80, 82, 83
임시 거주지 54
잉카 제국 58

자발린 37
잔해 17, 22, 57, 58, 59
잡배수 71
재먼지 60
재활용 9, 14, 30, 31, 36, 37, 39, 43, 44, 63, 64, 67, 69, 72, 73, 74, 75, 77, 79, 80, 81
잭 맥기니스 30
잿더미 15
전기 도금 52
전자 폐기물 68, 72, 73, 74
정유 67
정화조 53
제약 67
제프 필포트 47
조개껍데기 16, 17, 68
조개무지 21
조리 식품 29
존 스노우 51
즈시 환경 축제 28
지하수 33, 34
지하 터널 53
진짜 불량 식품 프로젝트 44

채굴 52, 58, 60
채석장 53, 57, 58
측간 54

ㅋ
카드뮴 73
카타콩브 53
칼룬보르 66, 67
코리페섬 75
콘크리트 55
콜레라 51
크레타섬 23
키갈리 77
키치너 30

탄광 59, 60
탄소 양자점 61
태국의 쓰레기 영웅 75
태양광 78
태양 전지 61
테라사이클 63
텔아비브 35
템스강 49, 51
토르티야 61
퇴비 36

ㅍ
파란색 상자 재활용 프로그램 14, 30
팔라듐 72, 73
폐기물 27, 59, 60, 63, 67, 68, 69
폐석장 59, 68
포장재 10, 11, 31, 41, 69, 71, 80
푸네 39

푸엔테 34
풀라우 세마카우 39
품질 유지 기한 41
프라토 67
프리건 80, 81, 82
플라스틱 9, 10, 14, 30, 31, 34, 39, 40, 55, 56, 62, 63, 68, 69, 70, 71, 72, 73, 74, 75, 77, 78, 80, 83

하라파 23
하수구 9, 50
하수 처리 50, 51, 52, 53, 54, 55
해류 71, 75, 78
해우소 54
호모 사피엔스 15
호모 에렉투스 15
화장실 53, 54, 55
환류 71
황화 수소 60
흑요석 32
히리야 35

글 : 클레어 이머

초원 한복판에서 태어나 지금은 캐나다 브리티시 컬럼비아주 외딴 섬에서 살고 있어요. 이전에 북극과 유럽의 대도시에서도 살았는데 그때 쓰레기를 많이 배출했기 때문에 이제라도 쓰레기를 줄이려고 노력하고 있어요.
지은 책으로는 2013년 캐나다 청소년 우수과학도서상인 레인 앤더슨 수상작 《세상의 편견을 깬 과학자들》과 《음식에서 찾은 후루룩 마신 역사, 꿀꺽 삼킨 과학》 등이 있습니다.

그림 : 밤비 에들런드

커다랗고 복슬복슬한 강아지와 콧대 높은 조그만 고양이와 함께 캐나다 밴쿠버에서 살고 있어요. 하루 종일 그림을 그릴 수 있다는 사실에 행복해하며 틈날 때마다 삽화에 쥐를 그려 넣곤 한답니다. 시골에서 유년 시절을 보냈는데 아버지를 따라 종종 쓰레기장을 가곤 했어요. 당시 쓰레기장 냄새는 싫어했지만 낡은 세탁기, 버려진 통, 폐타이어 등에 죄다 앉아 봤다는 듯 우쭐거리던 커다란 까마귀를 아주 좋아했답니다.

옮김 : 황유진

연세대학교 영어영문학과 국어국문학을 전공하고, 한겨레어린이청소년번역가그룹에서 공부한 뒤 전문 번역가로 활동하고 있습니다. 지은 책으로 《어른의 그림책》이 있으며, 옮긴 책으로는 《내 머릿속에는 음악이 살아요!》, 《키스 해링, 낙서를 사랑한 아이》, 《언니와 동생》 등이 있습니다. 그림책 생각나눔터 '그림책 37도'를 운영하고 있으며, 그림책을 통해 어른들과 이야기하고 생각을 나누는 일을 하고 있습니다.